VeronikaHug.com

Woolly Hugs

SOCKEN STRICKEN MIT SUPER-FERSE

24 Gute-Laune-Modelle

AF637474

CV

Liebe Socken-Fans,

dieses Buch richtet sich an alle, die bisher beim Stricken Schwierigkeiten mit einer herkömmlichen Sockenferse hatten oder auch einfach einmal etwas Neues ausprobieren möchten.

Diese Fersenvariante ist ganz einfach, es gibt nur Zu- und Abnahmen. Probiert es einfach aus, leichter ist fast keine! Zudem sitzt sie gut am Fuß.

Designerin Marion Terasa verwendet für ihre Modelle sehr effektvolle und dennoch meist einfache Muster, die durch die wunderschönen Farbverläufe der Woolly Hugs YEAR SOCKS Garne besonders schön zur Geltung kommen. Überwiegend gibt es rechts/links Muster, jedoch sind auch einige dabei, die etwas herausfordernder sind.

Die Super-Ferse ist von vielen Strickfans getestet worden und die Meinung ist einheitlich:
»So einfach war noch keine Socke!«

Viel Spaß beim Stricken wünschen

Veronika Hug Marion Terasa

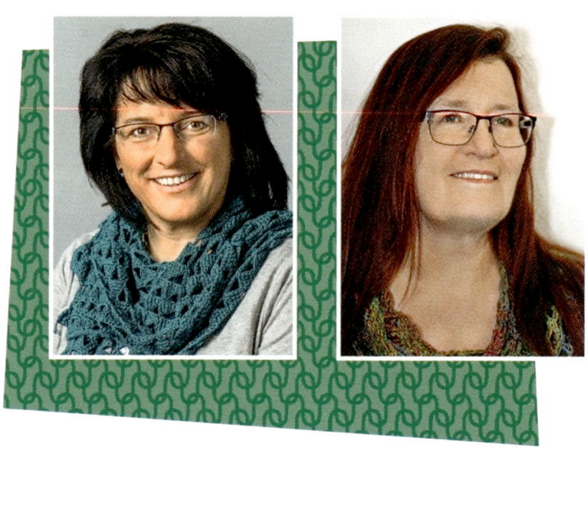

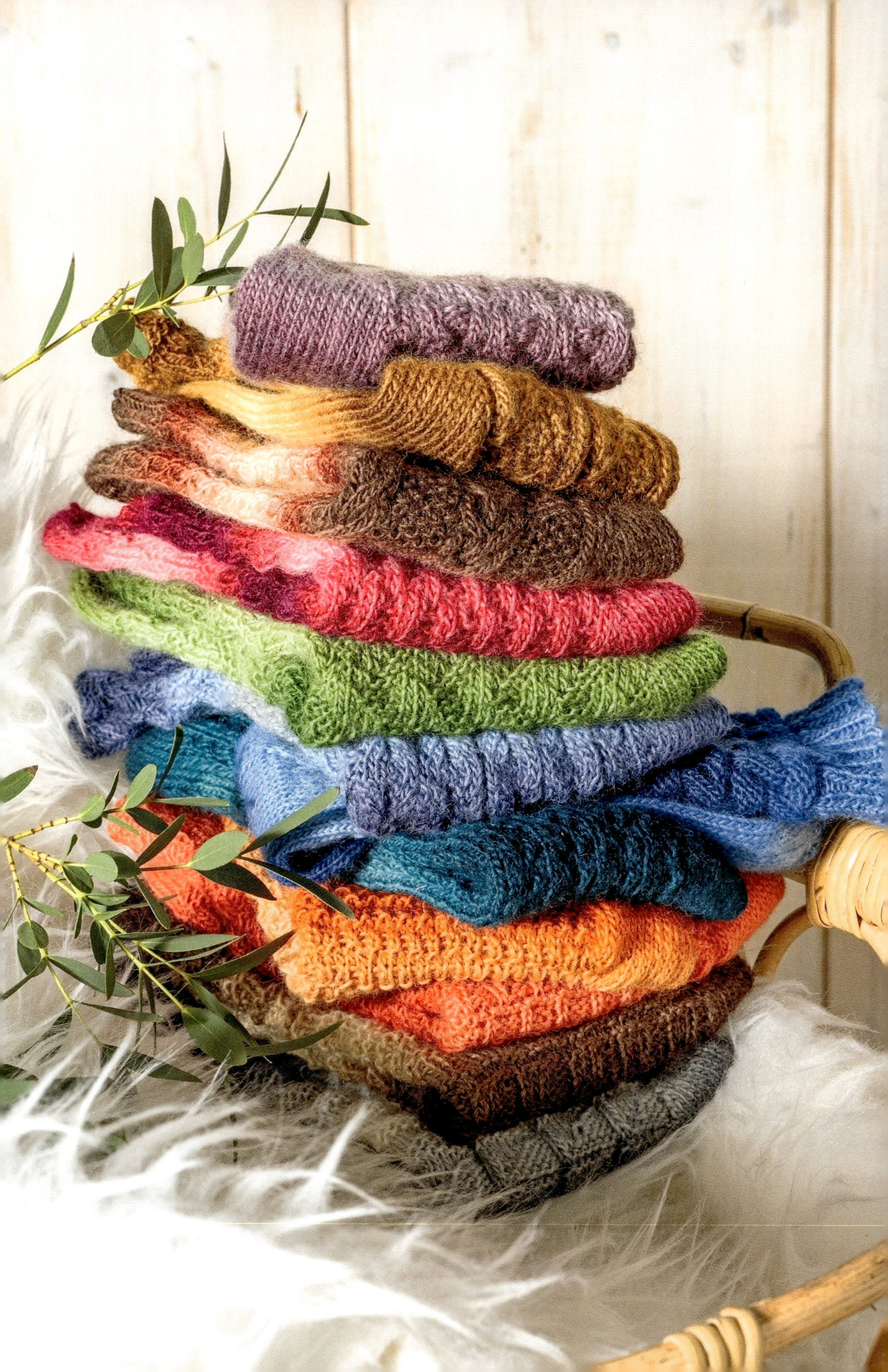

INHALT

SEELENWÄRMER

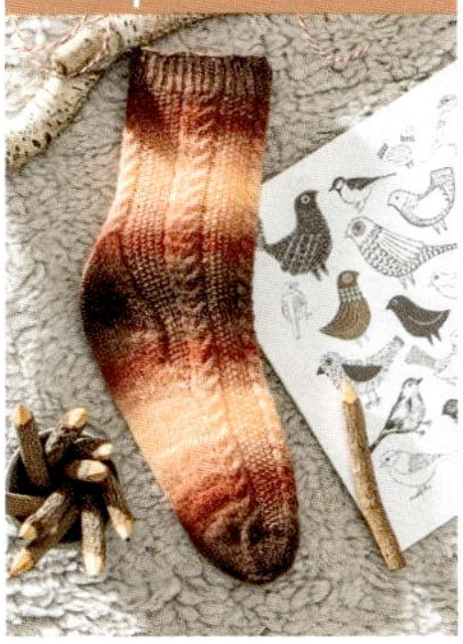

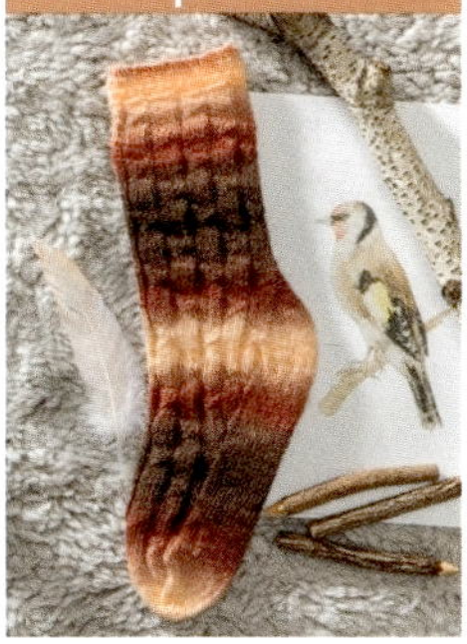

FRISCHEKICK

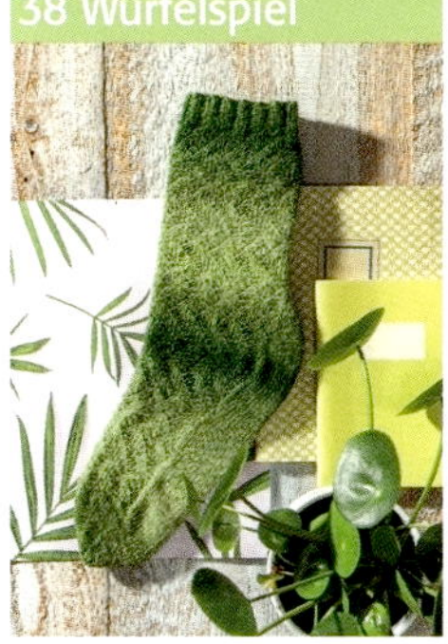

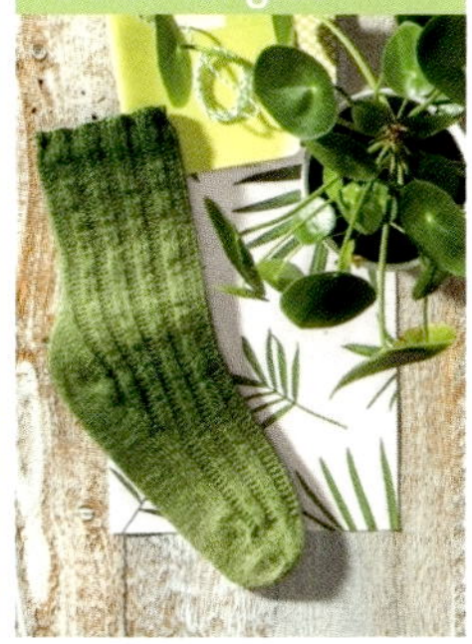

WARME TÖNE

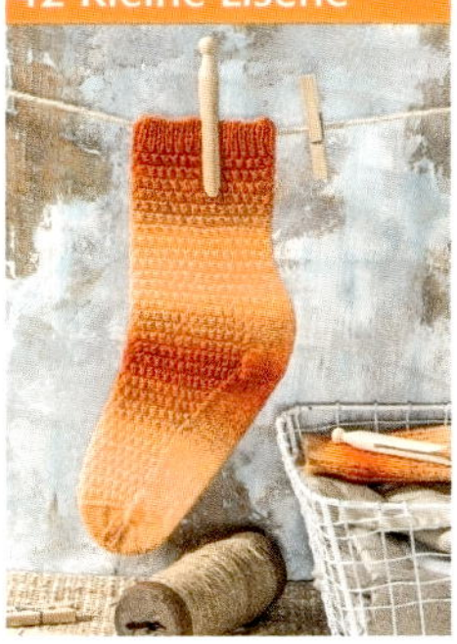

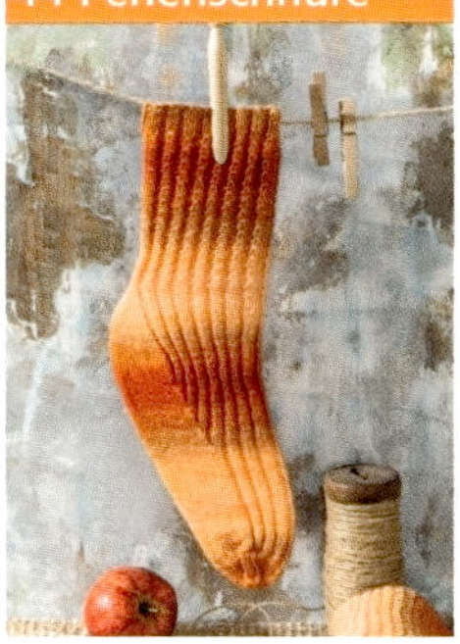

NATUR PUR

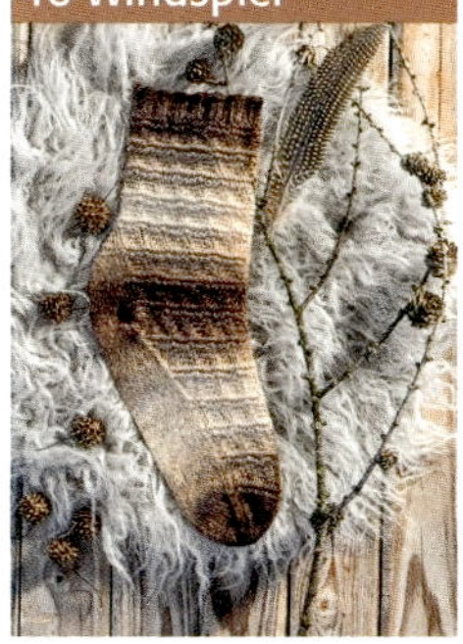

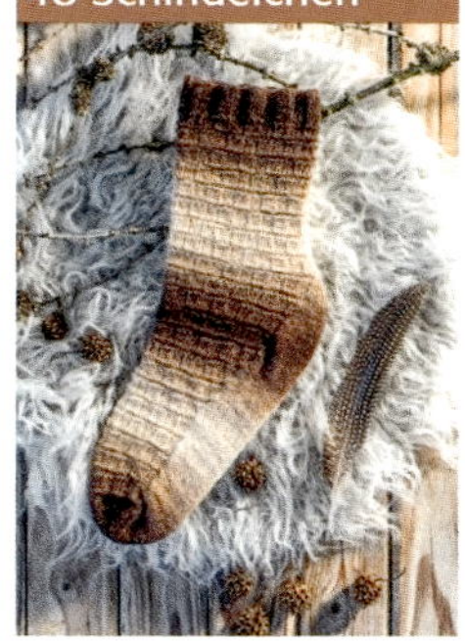

EINFACH MAL BLAU MACHEN

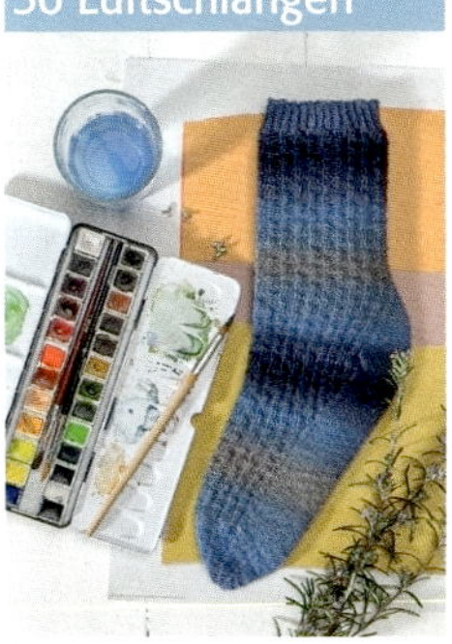

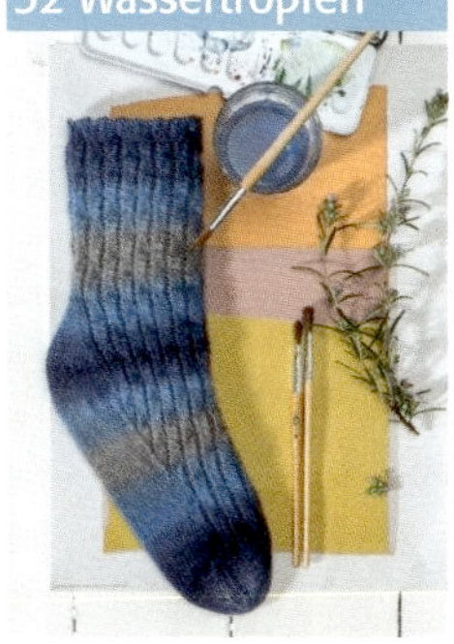

KAMINFEUER

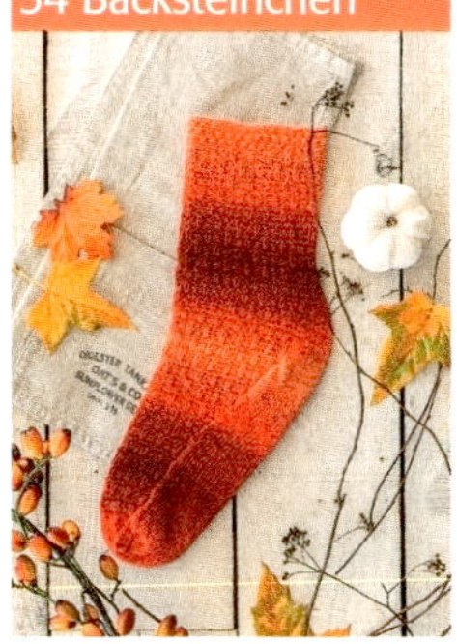

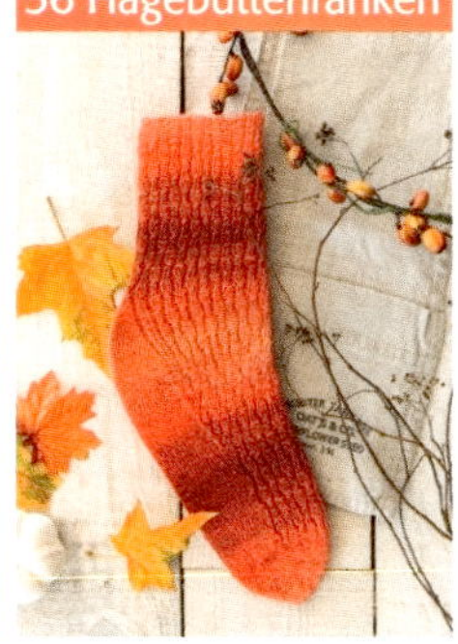

ALLGEMEINES

Schwierigkeitsgrade der Modelle

* = einfach
** = mittel
*** = anspruchsvoll

Abkürzungen

abh abheben
abn abnehmen
Fb Farbe
li links
M Masche
Nd Nadel
R Reihe
Rd Runde
re rechts
str stricken
U Umschlag
verschr verschränkt
zun zunehmen
zus zusammen
* ... * was zwischen den Sternchen steht, wird wiederholt

Tabelle Sockengrößen

Größe Gesamt-Fußlänge (cm)	26/27 17	28/29 18	30/31 19,5	32/33 21	34/35 22	36/37 23,5	38/39 25	40/41 26,5	42/43 27,5	44/45 28,5	46/47 30
4fach Wolle Maschenanschlag pro Nadel Fußlänge bis Spitzenbeginn (cm)	48/12 14	52/13 14	52/13 15,5	56/14 17	56/14 18	60/15 18,5	60/15 20	64/16 21	64/16 22	68/17 22,5	72/18 24

WORKSHOP Super-Ferse

Das Besondere an der Socke mit Super-Ferse ist, dass die Ferse absatzlos aus dem Schaft herausgestrickt wird und später ebenso in die Sohle übergeht. Dafür sind zuerst lediglich Zunahmen und später Abnahmen nötig. Der Tick dabei ist, an welchen Stellen das passiert. Die Abbildung zeigt, wie ein Socken aufgebaut ist.

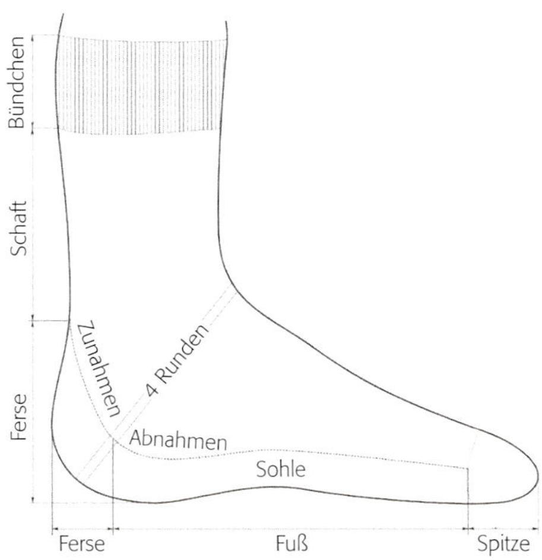

Eine Socke teilt sich in verschiedene Bereiche auf:

Zuerst das **Bündchen**. Meistens wird es fortlaufend eine Masche rechts/eine Masche links im Wechsel oder zwei Maschen rechts/zwei Maschen links im Wechsel gestrickt. Ausnahmen finden sich bei einigen Schaftmustern, hier ist dann das Bündchen dem Muster entsprechend angepasst. Dies wird in der jeweiligen Modell-Anleitung genau beschrieben.

Nach dem Bündchen kommt der **Schaft**.
Bei der Workshop-Socke ist er zum besseren Verständnis glatt rechts gehalten. Später können wir uns mit schönen Mustern austoben! Es gibt einfache Muster mit rechten und linken Maschen, aber etwas Anspruchsvollere sind ebenfalls dabei. Nachdem der Schaft fertig ist, wird entschieden, ob das Muster über dem Fußrist fortgeführt wird oder ob ab hier komplett glatt rechts gestrickt wird.
Jetzt beginnen die Zunahmen für die **Ferse**. Bei bestimmten Mustern kann es vorkommen, dass einige Maschen auf den Nadeln neu sortiert werden müssen, damit das Muster mittig auf dem Fußrist sitzt. Nachdem die Zunahmen entsprechend der Sockengröße gearbeitet wurden, werden die Abnahmen gestrickt. **Die zugenommenen Maschen werden zur Sohle**. Ferse, Sohle und Spitze werden immer glatt rechts gestickt. Ein Muster befindet sich ggf. auf dem Fußrist und wird an die Abnahmen angepasst.
Zum Schluss fehlt noch die **Spitze**. Zur Auswahl beschreibe ich die Sternchenspitze, die ich besonders einfach finde und die Bandspitze, die ich besonders schick finde. Bei den einzelnen Modellen steht mein Vorschlag immer dabei, doch sind stets beide Varianten möglich.

Maschenprobe

Mit Nadelspiel Nr. 2,5 glatt rechts:
32 Maschen x 36 Reihen = 10 x 10 cm

Hinweis

Alle Socken in diesem Buch sind mit dem angegebenen Garn in Größe 39 gestrickt. Die Angaben für andere Größen bitte der Tabelle auf Seite 6 entnehmen.

BASIC-SOCKE *

Größe 39

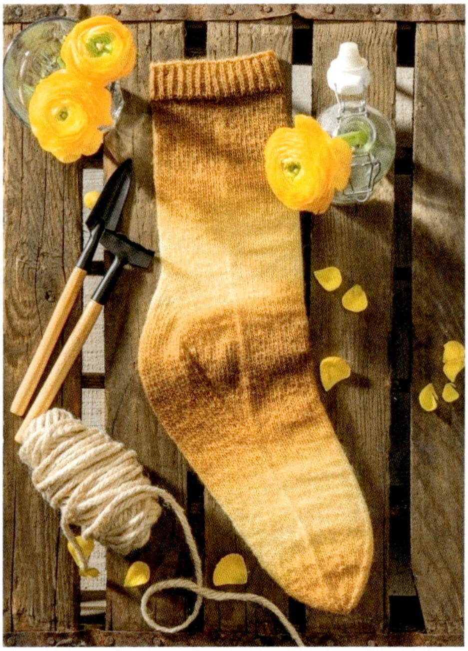

MATERIAL

- pro Paar 100 g Sockenwolle 4fach von Woolly Hugs Year Socks (hier Farbe Nr. 3 März)
- 1 Nadelspiel 2,5–3,5
- 2 Maschenmarkierer

Bündchen

60 Maschen + 1 Masche auf 4 Nadeln verteilt anschlagen (Anschlag elastisch).
Eine Reihe rechte Maschen stricken und zur Runde schließen, dabei die erste und letzte Masche zusammenstricken. Das gibt eine saubere Verbindung und es zieht sich auch keine Masche lang.
10 Runden (ca. 2 cm, oder nach Wunsch mehr oder weniger) eine Masche rechts, eine Masche links (* 1 re, 1 li *) im Wechsel für das Bündchen stricken. Tipp: Ich fange am liebsten mit einer rechten Masche auf der Nadel an.

Schaft

60 Runden glatt rechts bis zum Fersenbeginn (ca. 15 cm einschließlich Bündchen) stricken.

Ferse

1. Runde: Glatt rechts stricken. Auf der ersten Nadel nach der 1. Masche aus dem Querfaden eine Masche rechts verschränkt aufnehmen, einen Maschenmarkierer setzen. Auf der 4. Nadel zwischen der vorletzten und letzten Masche einen Maschenmarkierer setzen, eine Masche aus dem Querfaden heraus stricken.
2. Runde: Ohne Zunahmen glatt rechts stricken. Ab hier in jeder folgenden 2. Runde zunehmen und zwar VOR der 1. Markierung und NACH der 2. Markierung. Zwischen den Zunahmen bildet sich einen Keil, die Maschen werden immer glatt rechts gestrickt, sie bilden die Ferse und werden später zur Sohle.

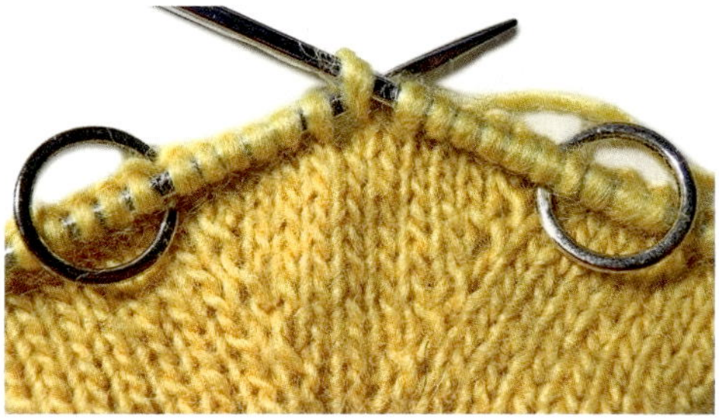

Die Ferse hat an der breitesten Stelle die doppelte Maschenanzahl als sich auf zwei Nadeln befinden.
Beispiel: 60 Maschen werden laut Tabelle benötigt. Das sind 15 Maschen pro Nadel. Also 2-mal 15 Maschen verdoppeln (auf Nadel 1 und 4). Somit sind auf den Nadeln 30 – 15 – 15 – 30 Maschen.
Nachdem die zusätzlichen Maschen aufgenommen sind, werden vier Runden ohne Zunahme gestrickt, dann beginnt das Abnehmen. Nach der zweiten Zwischenrunde ist der Punkt, ab dem die Fußlänge gemessen wird.

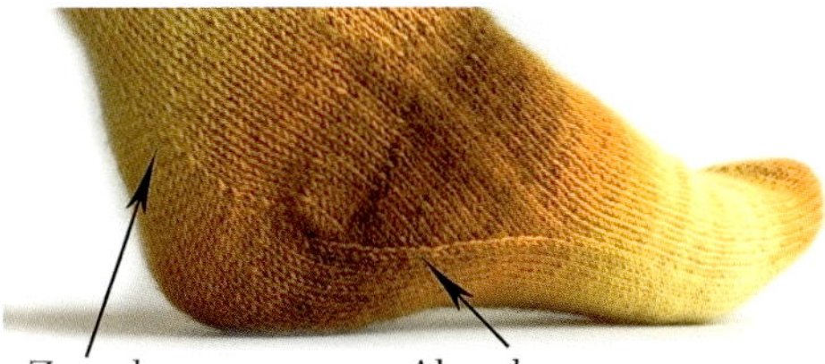

Die Abnahmen gehen in die entgegengesetzte Richtung, so dass der Fersenbereich zur Sohle verschmälert wird.

Wichtig ist bei Schaftmustern, die über den Fußrist fortgeführt werden, dass der Rapport jeweils soweit wie es möglich ist gestrickt wird. Vorrang haben jedoch die Abnahmen, damit sie an den richtigen Stellen sitzen.

Auf der 1. Nadel: NACH der Markierung eine Masche abheben, eine Masche rechts stricken, die abgehobene Masche überziehen. Stricken bis zwei Maschen VOR der zweiten Markierung. Diese zwei Maschen rechts zusammenstricken, Runde beenden. In der nächste Runde die Maschen stricken wie sie erscheinen bzw. wie das Muster es vorgibt. Diese beiden Runden werden so oft wiederholt, bis auf jeder Nadel wieder die Ausgangsmaschenzahl erreicht ist. Bis zum Zehenbeginn die Maschen stricken wie sie erscheinen bzw. wie das Muster es vorgibt. Die Fußlänge – nach der zweiten Zwischenrunde zwischen Zu- und Abnahmen bis zum Zehenbeginn – messen. Dann mit der Spitze fortfahren.

Spitze

Sternchenspitze

Ab Zehenbeginn glatt rechts stricken und in Runden abnehmen, indem jeweils die in der Tabelle angegebene Masche mit der folgenden Masche rechts zusammengestrickt wird. Danach die angegebene Rundenanzahl stricken. Die Angaben für die entsprechende Größe bitte der Tabelle unten entnehmen.

Die Abnahmen arbeiten, bis insgesamt noch acht Maschen auf den Nadeln sind. Diese Maschen mit doppeltem Faden fest zusammenziehen oder die Maschen im Maschenstich verbinden.

Bandspitze

Bei der 1. und bei der 3. Nadel bis drei Maschen vor Ende der Nadel stricken, dann zwei Maschen rechts zusammenstricken, die letzte Masche rechts stricken.

Bei der 2. und bei der 4. Nadel die 1. Masche rechts stricken, die folgende Masche rechts abheben, eine Masche rechts stricken, die abgehobene Masche überziehen.

Die Abnahmen in jeder 3., 2., dann in jeder Runde wiederholen, bis insgesamt noch acht Maschen auf den Nadeln sind. Diese Maschen dann mit doppeltem Faden fest zusammenziehen oder die Maschen im Maschenstich verbinden.

Maschenzahl pro Nadel	48/12	52/13	56/14	60/15	64/16	68/17	72/18
»Angleich-Runde«		Jede 12. 2 Rd		Jede 14. 3 Rd		Jede 16. 3 Rd	
1. Abnahme-Rd	Jede 5. 5 Rd	Jede 5. 5 Rd	Jede 6. 5 Rd	Jede 6. 5 Rd	Jede 7. 6 Rd	Jede 7. 6 Rd	Jede 8. 7 Rd
2. Abnahme-Rd	Jede 4. 4 Rd	Jede 4. 4 Rd	Jede 5. 4 Rd	Jede 5. 4 Rd	Jede 6. 5 Rd	Jede 6. 5 Rd	Jede 7. 6 Rd
3. Abnahme-Rd	Jede 3. 3 Rd	Jede 3. 3 Rd	Jede 4. 3 Rd	Jede 4. 3 Rd	Jede 5. 4 Rd	Jede 5. 4Rd	Jede 6. 5 Rd
3. Abnahme-Rd	Jede 2. 2 Rd	Jede 2. 2 Rd	Jede 3. 2 Rd	Jede 3. 2 Rd	Jede 4. 3 Rd	Jede 4. 3 Rd	Jede 5. 4 Rd
4. Abnahme-Rd	Jede M	Jede M	Jede 2. 1 Rd	Jede 2. 1 Rd	Jede 3. 2 Rd	Jede 3. 2 Rd	Jede 4. 3 Rd
5. Abnahme-Rd			Jede M	Jede M	Jede 2. 1 Rd	Jede 2. 1 Rd	Jede 3. 2 Rd
6. Abnahme-Rd					Jede M	Jede M	Jede 2. 1 Rd
7. Abnahme-Rd							Jede M

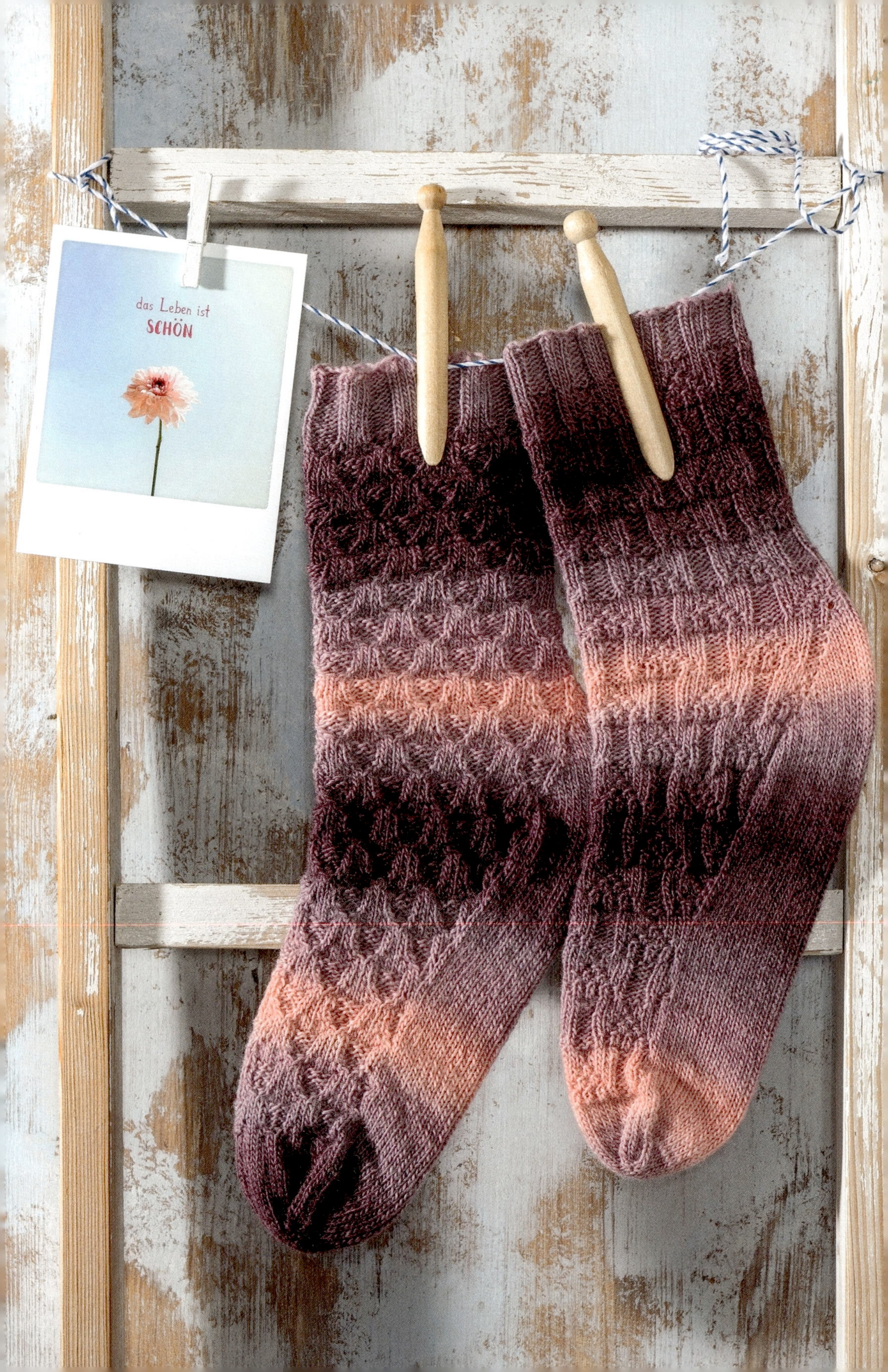
das Leben ist
SCHÖN

LILA LÄSST GRÜSSEN

Material für Lanzettenmuster (links), für Perlen des Pharaos (rechts):
pro Paar 100 g Woolly Hugs YEAR-SOCKS (75% Schurwolle, 25% Polyamid, Lauflänge ca. 400 m/100 g), Farbe Nr. 1 Januar • 1 Nadelspiel Nr. 2,5–3,5 • 2 Rundenmarkierer

LANZETTENMUSTER ***

Der Begriff „Lanzette" stammt aus der nordischen Bronzezeit und steht für kleine Klingen mit einer breiten beidseitigen Schneide.

SO WIRD'S GEMACHT

Bündchen

64 Maschen + 1 Masche anschlagen.
Eine Reihe rechte Maschen und zur Runde schließen, dabei die erste und letzte Masche zusammenstricken.
10 Runden (ca. 2 cm) * 2 re, 2 li * für das Bündchen stricken.

Schaft

Muster »Lanzettenmuster«
Rapport: 8 Maschen
Mustersatz: 16 Runden

Strickschrift

8	7	6	5	4	3	2	1	
I	I	I	I	I	I	I	I	16
↓	⊍	I	I	I	I	⊍	2	15
I	I	I	I	I	I	I	I	14
I	↓	⊍	I	I	⊍	2	I	13
—	—	I	I	I	I	—	—	12
—	—	I	I	I	I	—	—	11
—	—	I	I	I	I	—	—	10
—	—	I	I	I	I	—	—	9
I	I	I	I	I	I	I	I	8
I	I	⊍	2	↓	⊍	I	I	7
I	I	I	I	I	I	I	I	6
I	⊍	2	I	I	↓	⊍	I	5
I	I	—	—	—	—	I	I	4
I	I	—	—	—	—	I	I	3
I	I	—	—	—	—	I	I	2
I	I	—	—	—	—	I	I	1

Legende
- I re M
- ↓ 1 Überzug: 1 M abh, 1 M re str und die abgehobene M darüberziehen
- ⊍ 1 M re aus dem Querfaden herausstr
- 2 2 M re zus
- — li M

Muster schriftlich
1.–4. Rd: mit 2 re anfangen, * 4 li, 4 re *
5. Rd: * 1 re, 1 aus dem Querfaden zun, 1 abn (Überzug), 2 re, 2 re zus, 1 aus dem Querfaden zun, 1 re *
6. Rd: * re *
7. Rd: * 2 re, 1 aus dem Querfaden zun, 1 abn (Überzug), 2 re zus, 1 aus dem Querfaden zun, 2 re *
8. Rd: * re *
9.–12. Rd: mit 2 li anfangen, * 4 re, 4 li *
13. Rd: * 1 re, 2 re zus., 1 aus dem Querfaden zun, 2 re, 1 aus dem Querfaden zun, 1 abn (Überzug), 1re *
14. Rd: * re *
15. Rd: * 2 re zus, 1 aus dem Querfaden zun, 4 re, 1 aus dem Querfaden zun, 1 abn (Überzug) *
16. Rd: * re *

Ferse

Nach 4 Mustersätzen (64 Runden) mit der Ferse beginnen, siehe Workshop. Das Schaftmuster über dem Fußrist fortführen.

Spitze

Bandspitze arbeiten, siehe Workshop.

PERLEN DES PHARAOS **

Das Muster zieht sich schön zusammen und passt sich daher dem Fuß gut an. Das Dreieck mit dem Perlmuster erinnerte mich an Pyramiden, dadurch entstand der Mustername.

SO WIRD'S GEMACHT

Bündchen

60 Maschen + 1 Masche anschlagen.
Eine Reihe rechte Maschen und zur Runde schließen, dabei die erste und letzte Masche zusammenstricken.
10 Runden (ca. 2 cm) * 3 re, 3 li * für das Bündchen stricken.

Schaft

Muster »Perlen des Pharaos«
Rapport: 12 Maschen
Mustersatz: 10 Runden

Strickschrift

	12	11	10	9	8	7	6	5	4	3	2	1	
	–	I	–	I	–	I	–	–	–	I	–	I	10
	I	–	I	–	I	I	–	–	–	I	I	–	9
	–	I	–	I	I	I	–	–	–	I	I	I	8
	I	–	I	I	I	I	–	–	–	I	I	I	7
	I	I	I	I	I	I	I	I	I	I	I	I	6
	–	–	–	I	–	I	–	I	–	I	–	I	5
	–	–	–	I	I	–	I	–	I	–	I	I	4
	–	–	–	I	I	I	–	I	–	I	I	I	3
	–	–	–	I	I	I	I	–	I	I	I	I	2
	I	I	I	I	I	I	I	I	I	I	I	I	1

Legende
– li M
I re M

Muster schriftlich
1. Rd: * re *
2. Rd: * 4 re, 1 li, 4 re, 3 li *
3. Rd: * 3 re, 1 li, 1 re, 1 li, 3 re, 3 li *
4. Rd: * 2 re, 1 li, 1 re, 1 li, 1 re, 1 li, 2 re, 3 li *
5. Rd: * 1 re, 1 li, 1 re, 1 li, 1 re, 1 li, 1 re, 1 li, 1 re, 3 li *
6. Rd: * re *
7. Rd: * 3 re, 3 li, 4 re, 1 li, 1 re *
8. Rd: * 3 re, 3 li, 3 re, 1 li, 1 re, 1 li *
9. Rd: * 1 li, 2 re, 3 li, 2 re, 1 li, 1 re, 1 li, 1 re *
10. Rd: * 1 re, 1 li, 1 re, 3 li, 1 re, 1 li, 1 re, 1 li, 1 re, 1 li *

Ferse

Nach 6 Mustersätzen (60 Runden) mit der Ferse beginnen, siehe Workshop. Das Schaftmuster über dem Fußrist fortführen.

Spitze

Bandspitze arbeiten, siehe Workshop.

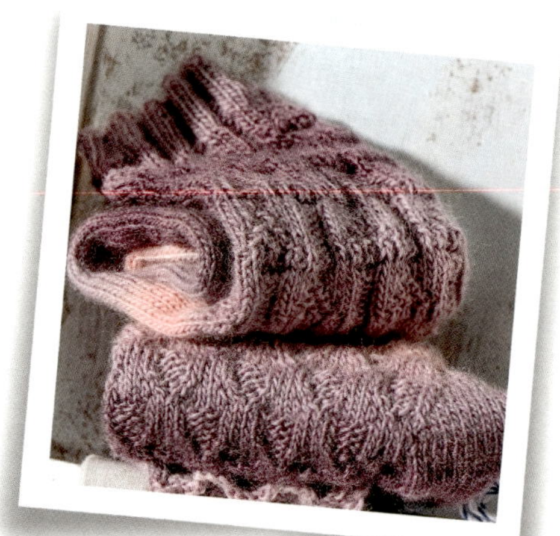

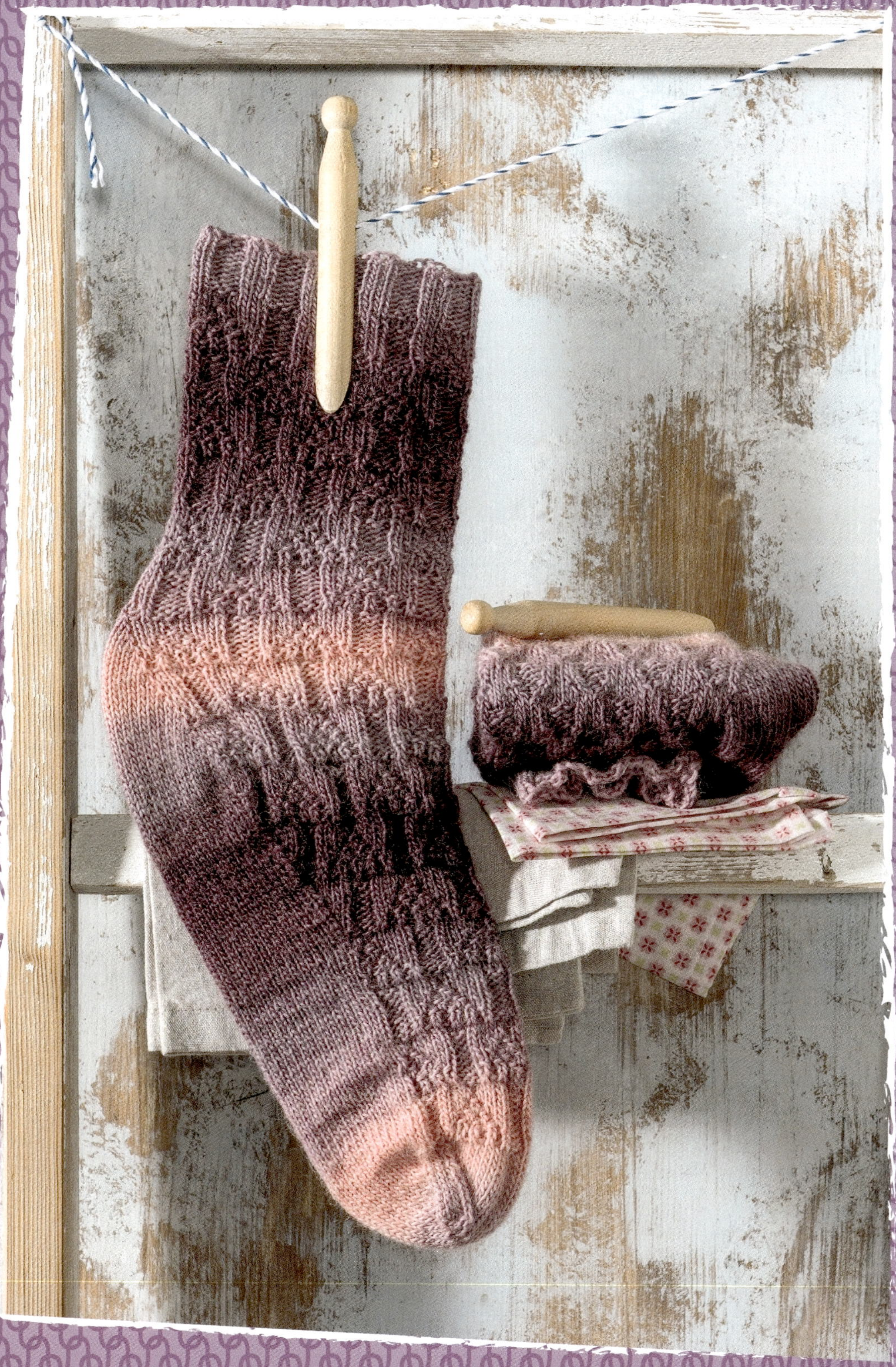

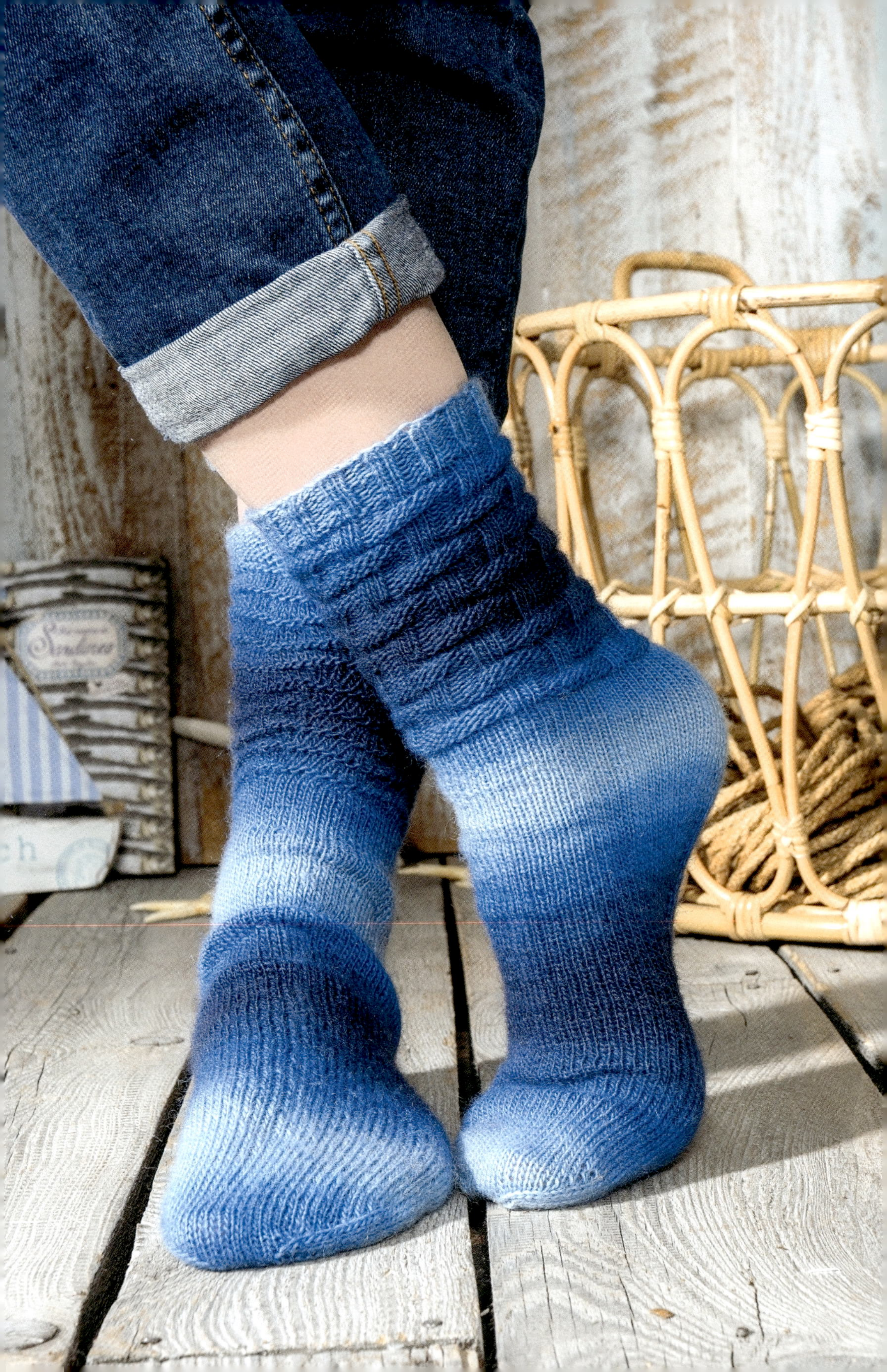

MEERESRAUSCHEN

Material für Flechtgewebe (rechts), für Wellengang (links):
pro Paar 100 g Woolly Hugs YEAR-SOCKS (75% Schurwolle, 25% Polyamid, Lauflänge ca. 400 m/100 g), Farbe Nr. 07 Juli • 1 Nadelspiel Nr. 2,5–3,5 • 2 Rundenmarkierer

FLECHTGEWEBE *

Ein sehr interessantes plastisches Muster. Es zieht sich in der Höhe, wie auch in der Breite schön zusammen und ist sehr elastisch. Das Muster verdreht sich leicht, daher wird es nur beim Schaft gestrickt.

SO WIRD'S GEMACHT

Bündchen

60 Maschen + 1 Masche anschlagen.
Eine Reihe rechte Maschen und zur Runde schließen, dabei die erste und letzte Masche zusammenstricken.
10 Runden (ca. 4 cm) * 3 re, 3 li * für das Bündchen stricken.

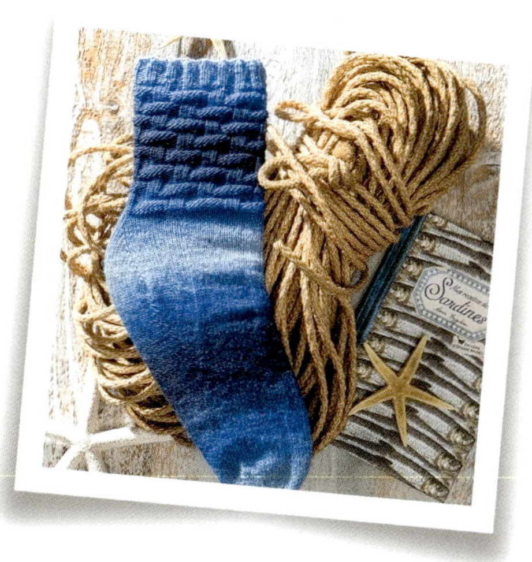

Schaft

Muster »Flechtgewebe«
Rapport: 12 Maschen
Mustersatz: 16 Runden

Strickschrift

12	11	10	9	8	7	6	5	4	3	2	1	
–	–	–	–	–	–	–	–	–	|	|	|	16
–	–	–	–	–	–	–	–	–	|	|	|	15
–	–	–	–	–	–	–	–	–	|	|	|	14
–	–	–	–	–	–	–	–	–	|	|	|	13
|	|	|	|	|	|	–	–	–	|	|	|	12
|	|	|	|	|	|	–	–	–	|	|	|	11
|	|	|	|	|	|	–	–	–	|	|	|	10
|	|	|	|	|	|	–	–	–	|	|	|	9
–	–	–	|	|	|	–	–	–	–	–	–	8
–	–	–	|	|	|	–	–	–	–	–	–	7
–	–	–	|	|	|	–	–	–	–	–	–	6
–	–	–	|	|	|	–	–	–	–	–	–	5
–	–	–	|	|	|	|	|	|	|	|	|	4
–	–	–	|	|	|	|	|	|	|	|	|	3
–	–	–	|	|	|	|	|	|	|	|	|	2
–	–	–	|	|	|	|	|	|	|	|	|	1

Legende
– li M
| re M

Muster schriftlich
1.–4. Rd: * 9 re, 3 li *
5.–8. Rd: 6 li, * 3 re, 9 li *
9.–12. Rd: 3 re * 3 li, 9 re *
13.–16. Rd: * 3 li, 9 re *

Ferse

Nach 4 Mustersätzen (64 Runden) mit der Ferse beginnen, siehe Workshop und ab jetzt glatt rechts weiterstricken.

Spitze

Bandspitze arbeiten, siehe Workshop.

WELLENGANG ***

Ein Muster, welches mich an Urlaub und Meer erinnert. Das Muster verdreht sich leicht, daher wird es nur beim Schaft gestrickt.

SO WIRD'S GEMACHT

Bündchen

60 Maschen + 1 Masche anschlagen.
Eine Reihe rechte Maschen und zur Runde schließen, dabei die erste und letzte Masche zusammenstricken. Nun 10 Runden abwechselnd eine Runde rechte Maschen, ein Runde linke Maschen stricken. Es ist ein kraus rechts gestricktes Bündchen.

Schaft

Muster »Wellengang«

Rapport: über eine komplette Nadel, mindestens 12 Maschen
Mustersatz: 6 Runden

Strickschrift

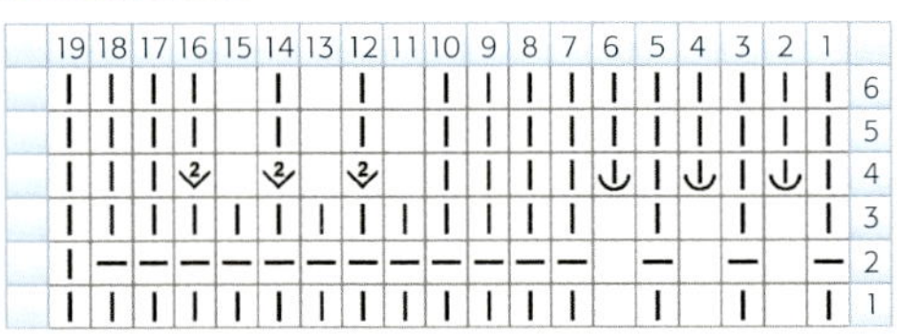

Legende

- re M
- keine M
- 2 M re zus
- 1 M aus dem Querfaden herausstr
- li M

Muster schriftlich

1. Rd: * re *
2. Rd: * li *
3. Rd: * re *
4. Rd: * (1 re, 1 aus dem Querfaden herausstr, dies 3-mal wiederholen), **4 re**, (2 re zus, dies 3-mal wiederholen), 3 re *
5. Rd: * re *
6. Rd: * re *

In der Strickschrift ist das Muster für 16 Maschen pro Nadel abgebildet. Da der Rapport stets über eine ganze Nadel sein soll, muss er an die vorhandene Maschenanzahl angepasst werden. Dies geschieht bei den **4 re Maschen** zwischen Zu- und Abnahmen wie folgt:
12 Maschen pro Nadel → **0 re**
13 Maschen pro Nadel → **1 re**
14 Maschen pro Nadel → **2 re**
15 Maschen pro Nadel → **3 re**
16 Maschen pro Nadel → **4 re**
17 Maschen pro Nadel → **5 re**
18 Maschen pro Nadel → **6 re**

Ferse

Nach 10 Mustersätzen (60 Runden) mit der Ferse beginnen, siehe Workshop und ab jetzt glatt rechts weiterstricken.

Spitze

Bandspitze arbeiten, siehe Workshop.

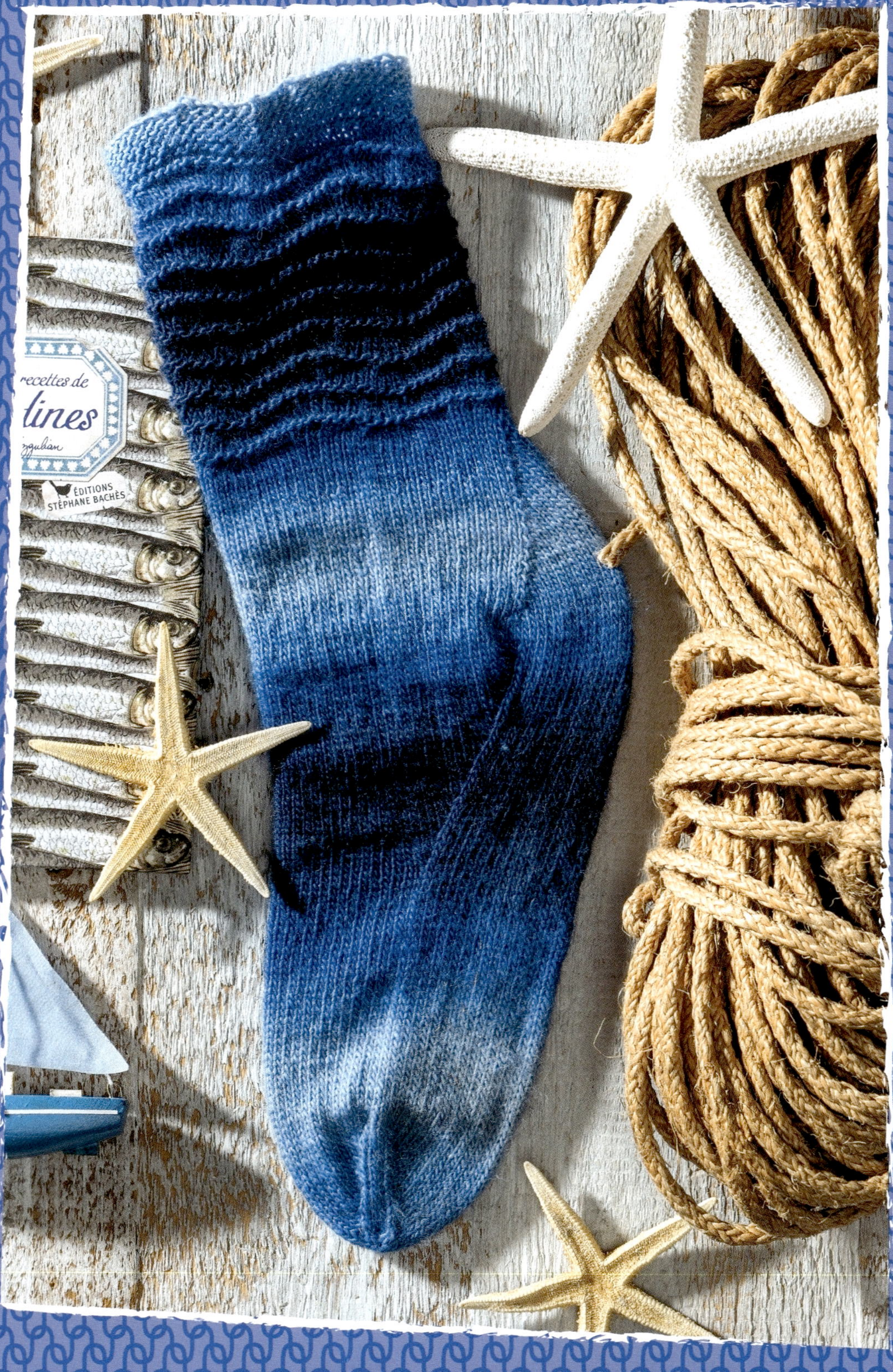
recettes de
ÉDITIONS
STÉPHANE BACHÈS

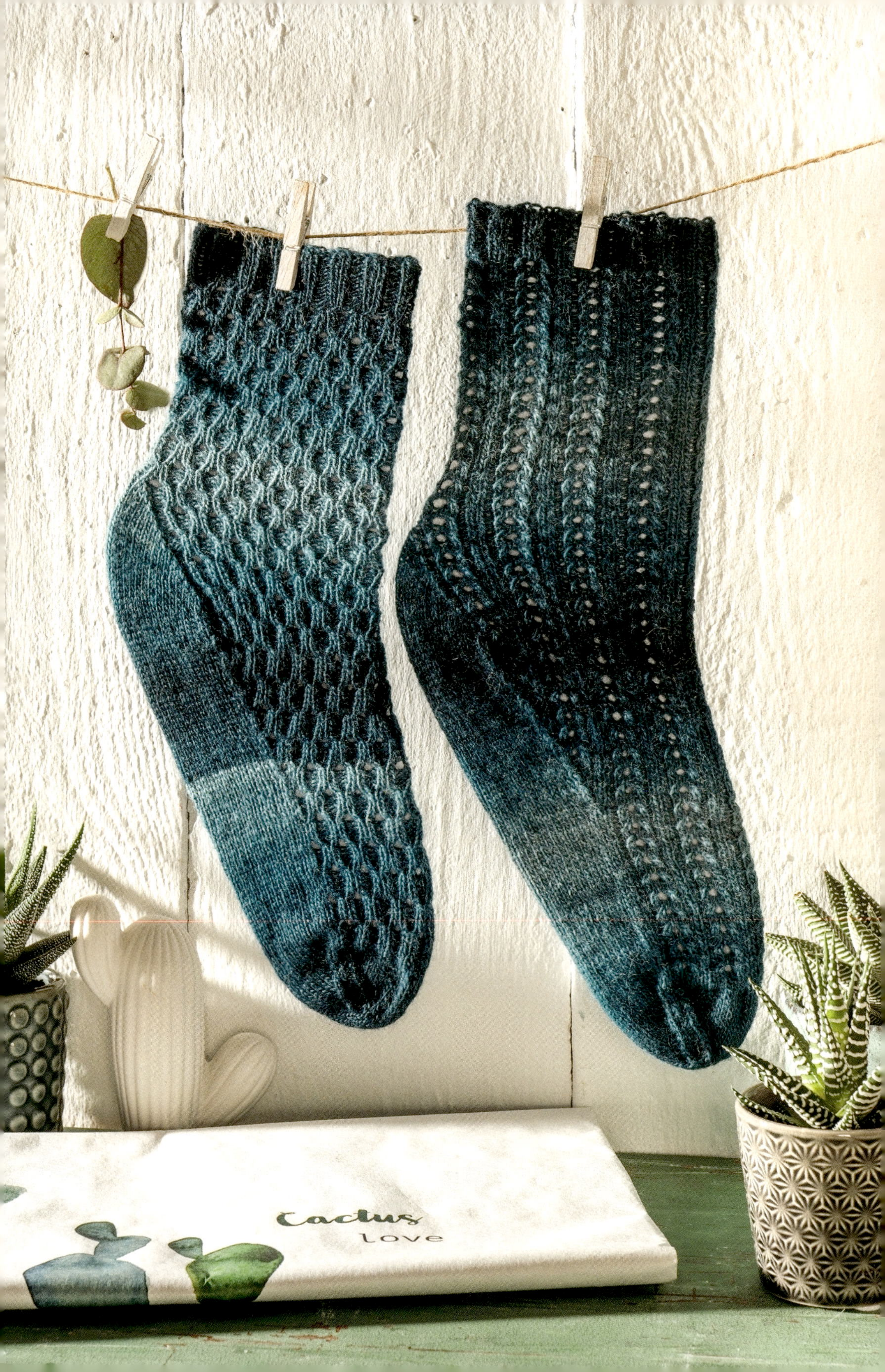
Cactus
love

TIEFENENTSPANNT

Material für Lochmuster (links), für Rankespiel (rechts):
pro Paar 100 g Woolly Hugs YEAR-SOCKS (75% Schurwolle, 25% Polyamid, Lauflänge ca. 400 m/100 g), Farbe Nr. 08 August • 1 Nadelspiel Nr. 2,5–3,5 • 2 Rundenmarkierer

LOCHMUSTER ***

Das Muster zieht sich wie ein Rippenmuster schön zusammen und passt sich so dem Fuß gut an.
Tipp: Es ist einfacher zu stricken, wenn man die Maschen auf den Nadeln so verschiebt, dass ein Rapport komplett bleibt.

SO WIRD'S GEMACHT

Bündchen

60 Maschen + 1 Masche anschlagen.
Eine Reihe rechte Maschen und zur Runde schließen, dabei die erste und letzte Masche zusammenstricken.
10 Runden (ca. 2 cm) 1 re * 2 li, 2 re * für das Bündchen stricken.

Schaft

Muster »Lochmuster«
Rapport: 4 Maschen
Mustersatz: 12 Runden

Strickschrift

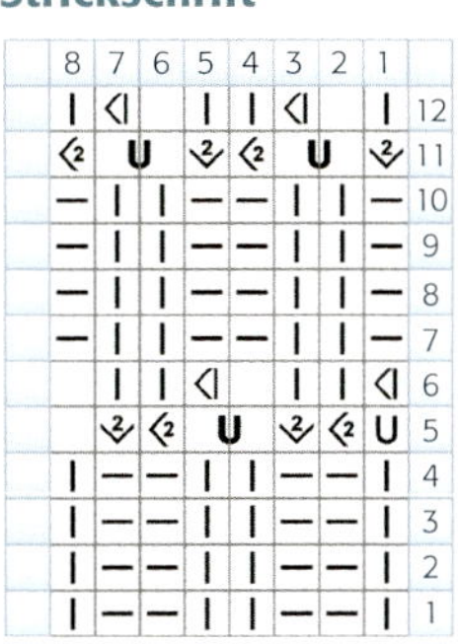

Legende
- re M
- kfb
- keine M
- 2 M re verschr zus
- U
- 2 M re zus
- li M

Muster schriftlich
1.–4. Rd: 1 re, * 2 li, 2 re *
5. Rd: * U, 2 M re verschr zus, 2 M re zus*
6. Rd: * 1 kfb (über den U), 2 re *
7.–10. Rd: 1 li, * 2 re, 2 li *
11. Rd: * 2 M re zus, U, 2 M re verschr zus *
12. Rd: 1 re, * 1 kfb (über den U), 2 re *

Zunahme mit kfb
kfb (knit front back) ist ein Kürzel aus englischen Strickanleitungen: Eine Masche rechts stricken, die alte Masche aber auf der linken Nadel lassen und noch einmal in den hinteren Teil dieser alten Schlaufe stechen und eine Masche daraus rechts verschränkt stricken.

Ferse

Nach 5 Mustersätzen (60 Runden) mit der Ferse beginnen, siehe Workshop. Das Schaftmuster über dem Fußrist fortführen.

Spitze

Bandspitze arbeiten, siehe Workshop.

RANKESPIEL ***

Das Muster zieht sich wie ein Rippenmuster schön zusammen und passt sich so dem Fuß gut an.

SO WIRD'S GEMACHT

Bündchen

64 Maschen + 1 Masche anschlagen.
Eine Reihe rechte Maschen und zur Runde schließen, dabei die erste und letzte Masche zusammenstricken.
10 Runden (ca. 2 cm) 1 re * 2 li, 2 re * für das Bündchen stricken (mit 1 re beginnen, damit es mit dem folgenden Schaftmuster übereinstimmt).

Schaft

Muster »Rankespiel«
Rapport: 8 Maschen
Mustersatz: 4 Runden

Strickschrift

	8	7	6	5	4	3	2	1	
	|	—	|	|	|	|	—	|	4
	|	—	|	◁		|	—	|	3
	|	—	↓	U		∨2	—	|	2
	|	—	|	|	|	|	—	|	1

Legende

| re M
— li M
◁ kfb
☐ keine M
↓ Überzug: 1 M abh, 1 M re und die abgehobene M überziehen

Muster schriftlich

1. Rd: * 1 re, 1 li, 4 re, 1 li, 1 re *
2. Rd: * 1 re, 1 li, 2 re zus, 1 U, 2 re überzogen zus, 1 li, 1 re *
3. Rd: * 1 re, 1 li, 1 re, 1 kfb, 1 re, 1 li, 1 re *
4. Rd: * 1 re, 1 li, 4 re, 1 li, 1 re *

Zunahme mit kfb
kfb (knit front back) ist ein Kürzel aus englischen Strickanleitungen: Eine Masche rechts stricken, die alte Masche aber auf der linken Nadel lassen und noch einmal in den hinteren Teil dieser alten Schlaufe stechen und eine Masche daraus rechts verschränkt stricken.

Ferse

Nach 15 Mustersätzen (60 Runden) mit der Ferse beginnen, siehe Workshop. Das Schaftmuster über dem Fußrist fortführen.

Spitze

Bandspitze arbeiten, siehe Workshop.

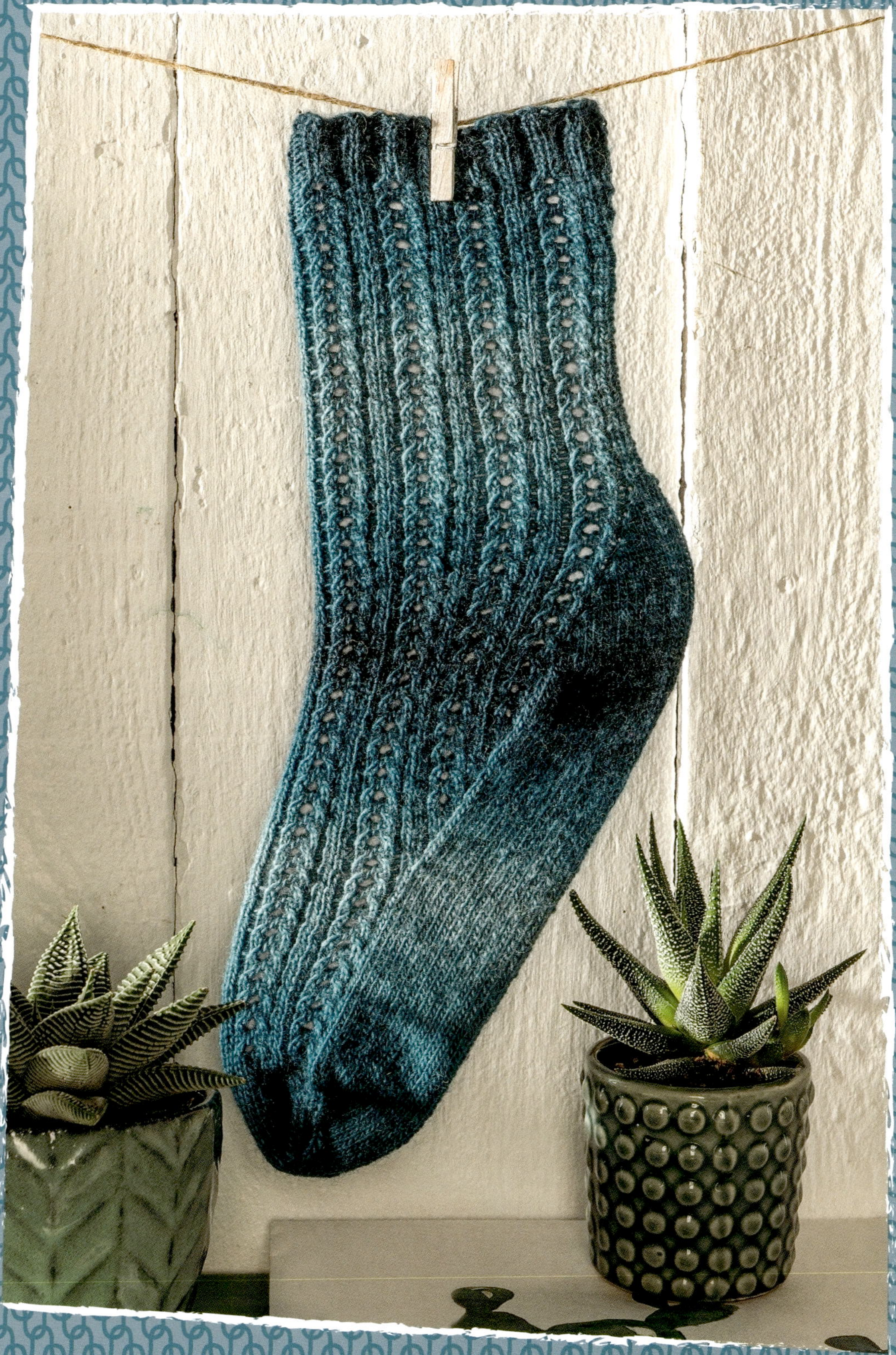

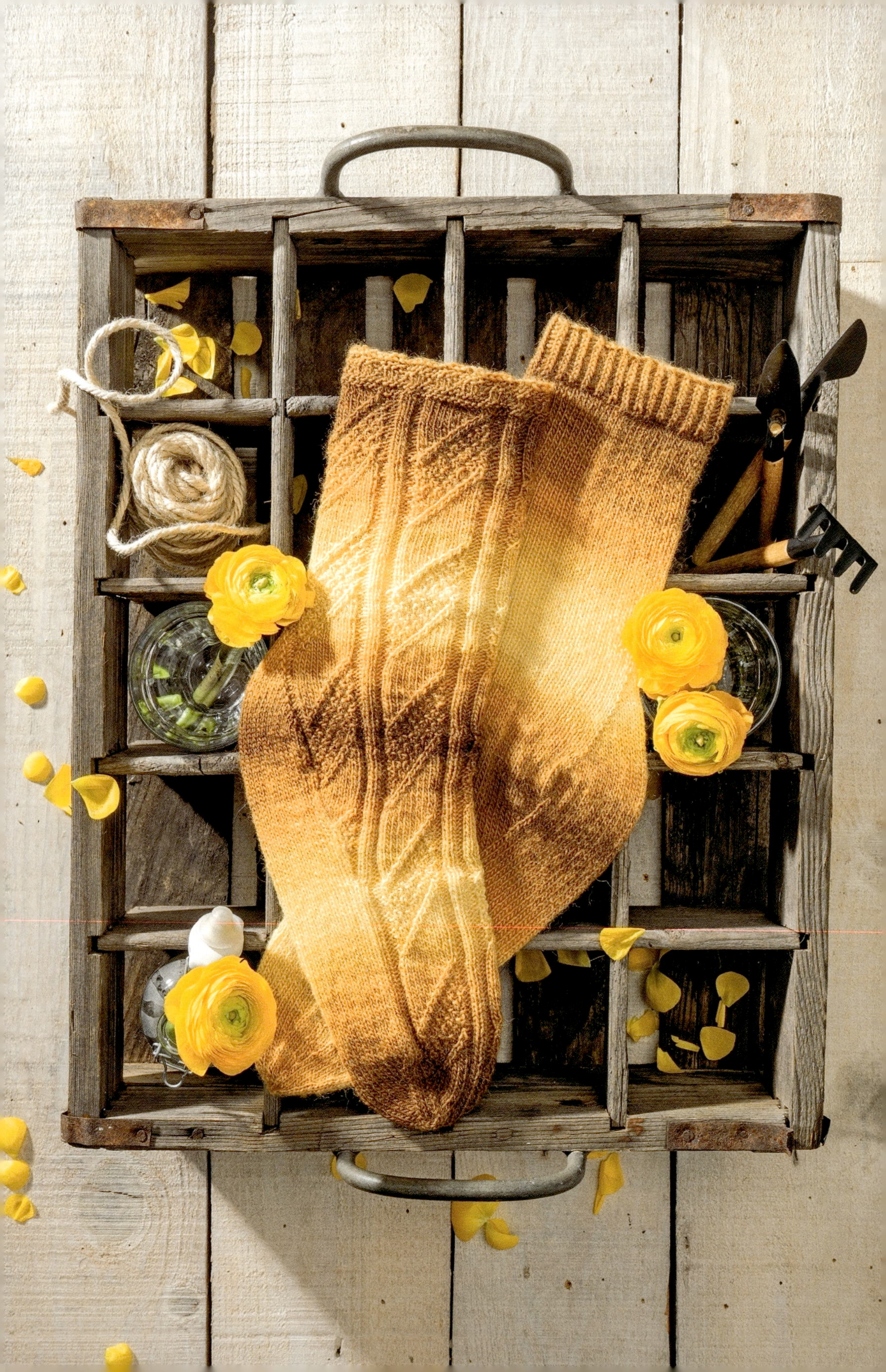

FRÜHLINGSGEFÜHLE

Material für Poesie (links), für Basic (rechts):
pro Paar 100 g Woolly Hugs YEAR-SOCKS (75% Schurwolle, 25% Polyamid, Lauflänge ca. 400 m/100 g), Farbe Nr. 3 März • 1 Nadelspiel Nr. 2,5–3,5 • 2 Rundenmarkierer

POESIE ***

Ein schönes, sehr großes Muster welches sich an die Größe der Socken anpasst.
Tipp: Wer breite Bündchen mag, verdoppelt den Rundenrapport des Bündchens einfach.

SO WIRD'S GEMACHT

Bündchen

64 Maschen + 1 Masche anschlagen.
Eine Reihe rechte Maschen und zur Runde schließen, dabei die erste und letzte Masche zusammenstricken.
12 Runden laut Strickschrift 1 für das Bündchen stricken.

Strickschrift 1

4	3	2	1	
I	I	I	I	12
–	–	–	–	11
I	I	I	I	10
–	–	–	–	9
I	I	I	I	8
–	–	I	I	7
–	–	I	I	6
I	I	I	I	5
–	–	–	–	4
I	I	I	I	3
–	–	–	–	2
I	I	I	I	1

Legende

I re M
– li M

Muster schriftlich

1. Rd: * re *
2. Rd: * li *
3. Rd: * re *
4. Rd: * li *
5. Rd: * re *
6. Rd: *2 re, 2 li *
7. Rd: *2 re, 2 li *
8. Rd: * re *
9. Rd: * li *
10. Rd: * re *
11. Rd: * li *
12. Rd: * re *

Schaft

Muster »Poesie« laut Strickschrift 2

Rapport: Eine ganze Nadelbreite (für Größe 39 sind das 16 Maschen). Ein Rapport ist immer eine ganze Nadelbreite, die Maschenanzahl passt sich der Sockengröße an. Mindestanzahl pro Nadel sind 6 + 5 Maschen.
Mustersatz: 32 Runden bei 16 Maschen pro Nadel. Bei anderen Größen verändert sich die Rundenanzahl automatisch.

Strickschrift 2

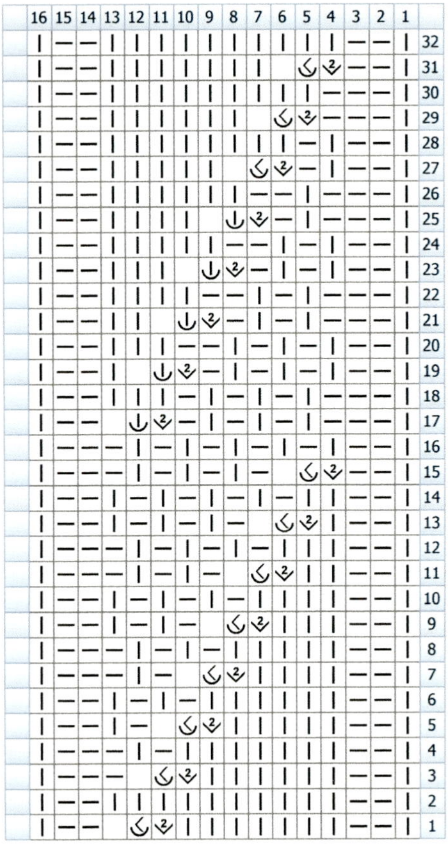

Legende

- re M
- li M
- keine M
- aus dem Querfaden 1 M re verschr zun
- 2 M re zus
- aus dem Querfaden 1 M herausstr

Muster schriftlich

1. Rd: * 1 re, 2 li, re M nach Sockengröße, 2 re zus, aus dem Querfaden 1 re verschr, 2 li, 1 re *

2. Rd und alle weiteren geraden Rd: * die M stricken wie sie erscheinen *

3. Rd: * 1 re, 2 li, re M (eine weniger als in der VorRd), 2 re zus, aus dem Querfaden 1 re verschr zun, 3 li, 1 re *

5. Rd: * 1 re, 2 li, re M (eine weniger als in der VorRd), 2 re zus, aus dem Querfaden 1 re verschr zun, 1 li, 1 re, 2 li, 1 re *

7. Rd: * 1 re, 2 li, re M (eine weniger als in der VorRd), 2 re zus, aus dem Querfaden 1 re verschr zun, 1 li, 1 re, 3 li, 1 re *

9. Rd: * 1 re, 2 li, re M (eine weniger als in der VorRd), 2 re zus, aus dem Querfaden 1 re verschr zun, 1 li, 1 re, 1 li, 1 re, 2 li, 1 re *

11. Rd und alle weiteren ungeraden Rd sinngemäß so weiter stricken, bis die Abnahme-Stelle am Rapport-Anfang direkt nach den M 1 re, 2 li liegt.

Folgende ungerade Rd: Mit der Abnahme/Zunahme-Stelle wieder bei Rd 1 anfangen, jedoch das Perlmuster auf der rechten Seite stricken und die linke Seite nach der Abnahme/Zunahme-Stelle glatt rechts.

Ferse

Nach 60 Runden mit der Ferse beginnen, siehe Workshop. Auf den Mustersatz muss nicht geachtet werden, da das Schaftmuster über dem Fußrist fortgeführt wird.

Spitze

Bandspitze arbeiten, siehe Workshop, dabei das Schaftmuster bis ganz zum Ende fortführen.

BASIC ***

Ganz schlicht glatt rechts gestrickt, darf hier der Farbverlauf des Garns wirken.

Die ausführliche Anleitung zur Basic-Socke findet sich im Workshop ab Seite 8.

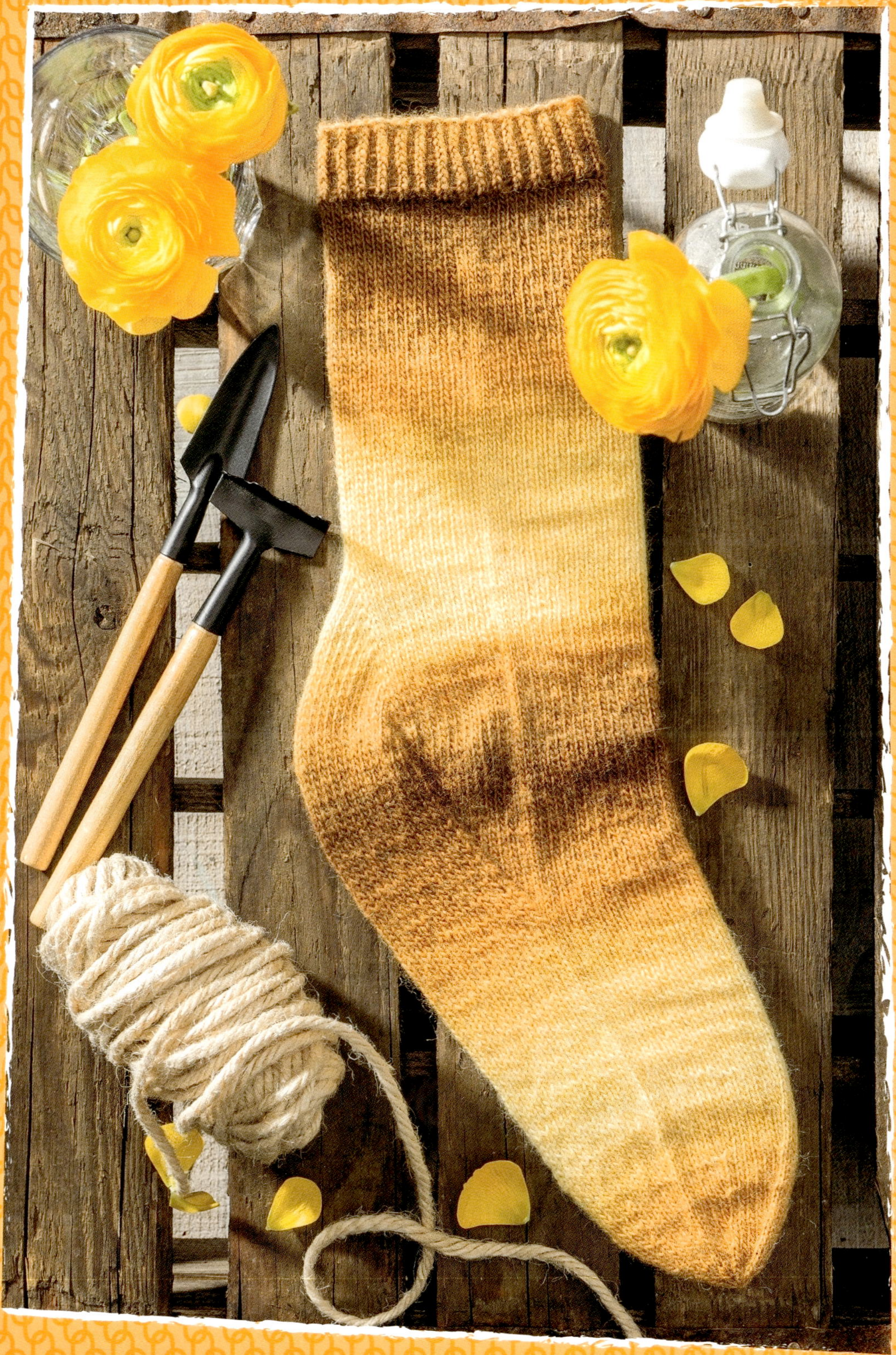

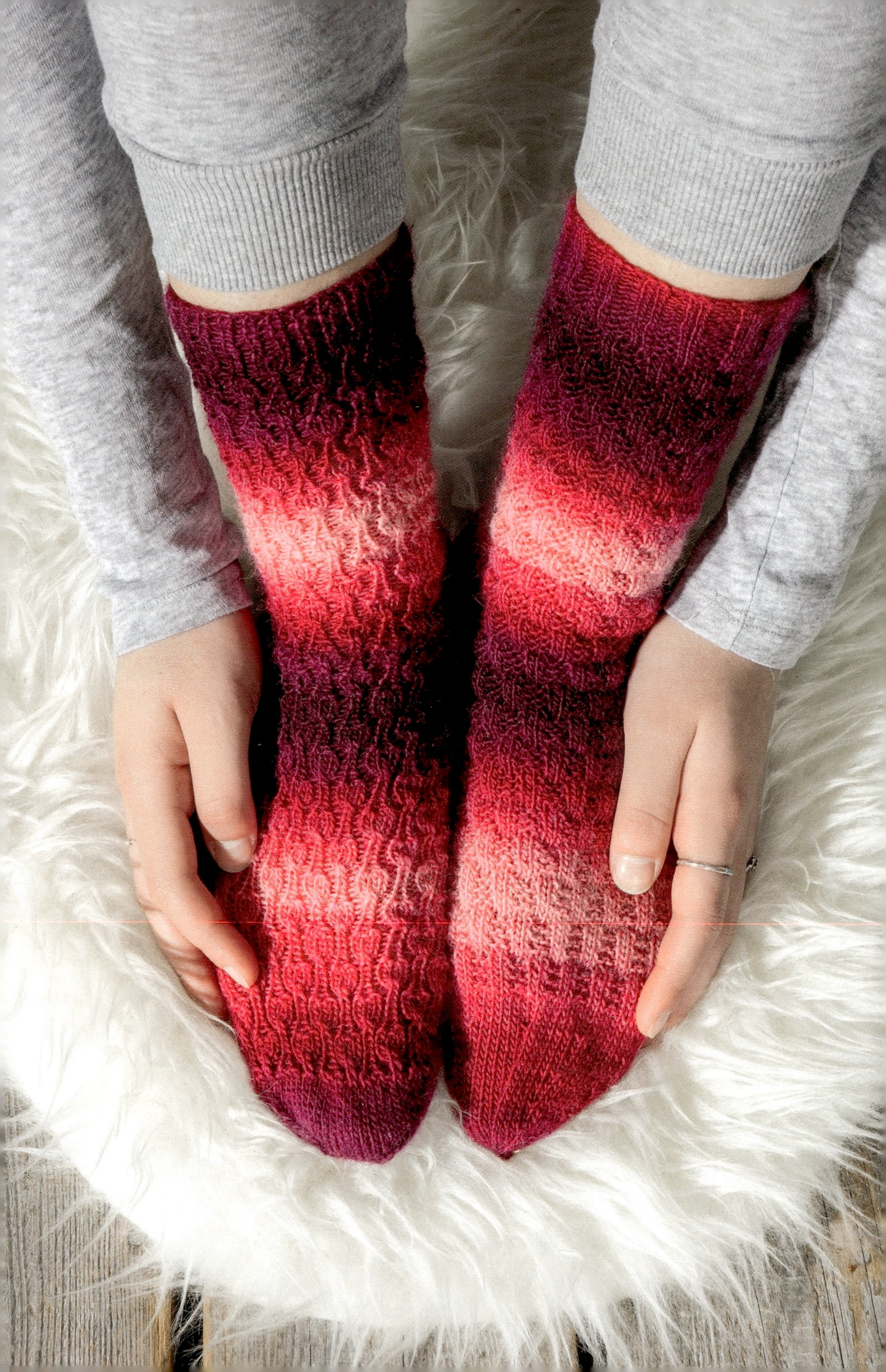

THINK PINK!

Material für Blütenmeer (links), für Versetzte Rippen (rechts):
pro Paar 100 g Woolly Hugs YEAR-SOCKS (75% Schurwolle, 25% Polyamid, Lauflänge ca. 400 m/100 g), Farbe Nr. 04 April • 1 Nadelspiel Nr. 2,5–3,5 • 2 Rundenmarkierer

BLÜTENMEER **

Das Muster zieht sich schön zusammen und passt sich daher dem Fuß gut an.

SO WIRD'S GEMACHT

Bündchen

60 Maschen + 1 Masche anschlagen.
Eine Reihe rechte Maschen und zur Runde schließen, dabei die erste und letzte Masche zusammenstricken.
10 Runden (ca. 2 cm) * 1 re, 1 li * für das Bündchen stricken.

Schaft

Muster »Blütenmeer«
Rapport: 6 Maschen
Mustersatz: 12 Runden

Strickschrift

8	7	6	5	4	3	2	1	
—		↑		—		IUI		12
—	I	I	I	—		I		11
—	I	I	I	—		I		10
—	I	I	I	—		I		9
—	I	I	I	—		I		8
—	I	I	I	—		I		7
—		IUI		—		↑		6
—		I		—	I	I	I	5
—		I		—	I	I	I	4
—		I		—	I	I	I	3
—		I		—	I	I	I	2
—		I		—	I	I	I	1

Legende

- — li M
- ☐ keine M
- ↑ doppelter Überzug (so, dass die Mittel-M obenauf liegt): 2 M zus re abh, 1 M re str und die abgehobenen M darüberziehen
- IUI 1 M re, 1 U und 1 M re aus 1 M herausstr
- I re M

Muster schriftlich

1.–5. Rd: * 3 re, 1 li, 1 re, 1 li *
6. Rd: * doppelter Überzug, 1 li, (1 re, 1 U, 1 re aus einer Masche herausstr), 1 li *
7.–11. Rd: * 1 re, 1 li, 3 re, 1 li *
12. Rd: *(1 re, 1 U, 1 re aus einer Masche herausstr), 1 li, doppelter Überzug, 1 li *

Ferse

Nach 4 Mustersätzen (64 Runden) mit der Ferse beginnen, siehe Workshop. Das Schaftmuster über dem Fußrist fortführen.

Spitze

Bandspitze arbeiten, siehe Workshop.

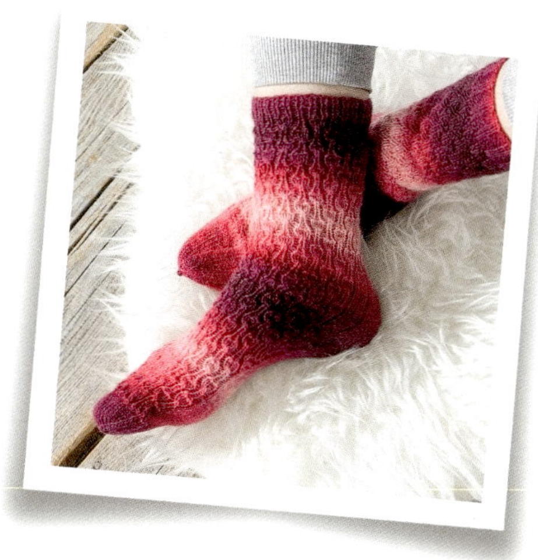

VERSETZTE RIPPEN *

Ein schönes kleines Muster mit einem leichten 3D-Effekt. Nicht neu, aber wunderschön und darf einfach nicht fehlen.

SO WIRD'S GEMACHT

Bündchen

60 Maschen + 1 Masche anschlagen.
Eine Reihe rechte Maschen und zur Runde schließen, dabei die erste und letzte Masche zusammenstricken.
10 Runden (ca. 2 cm) * 2 re, 2 li * für das Bündchen stricken.

Schaft

Muster »Versetzte Rippen«
Rapport: 4 Maschen
Mustersatz: 12 Runden

Strickschrift

	4	3	2	1	
	—	I	I	—	12
	I	I	I	I	11
	—	I	I	—	10
	I	I	I	I	9
	—	I	I	—	8
	I	I	I	I	7
	I	—	—	I	6
	I	I	I	I	5
	I	—	—	I	4
	I	I	I	I	3
	I	—	—	I	2
	I	I	I	I	1

Legende
— li M
I re M

Muster schriftlich
1. Rd: * re *
2. Rd: * 1 re, 2 li, 1 re *
3. Rd: * re *
4. Rd: * 1 re, 2 li, 1 re *
5. Rd: * re *
6. Rd: * 1 re, 2 li, 1 re *
7. Rd: * re *
8. Rd: * 1 li, 2 re, 1 li *
9. Rd: * re *
10. Rd: * 1 li, 2 re, 1 li *
11. Rd: * re *
12. Rd: * 1 li, 2 re, 1 li *

Ferse

Nach 5 Mustersätzen (60 Runden) mit der Ferse beginnen, siehe Workshop. Das Schaftmuster über dem Fußrist fortführen.

Spitze

Sternchenspitze arbeiten, siehe Workshop.

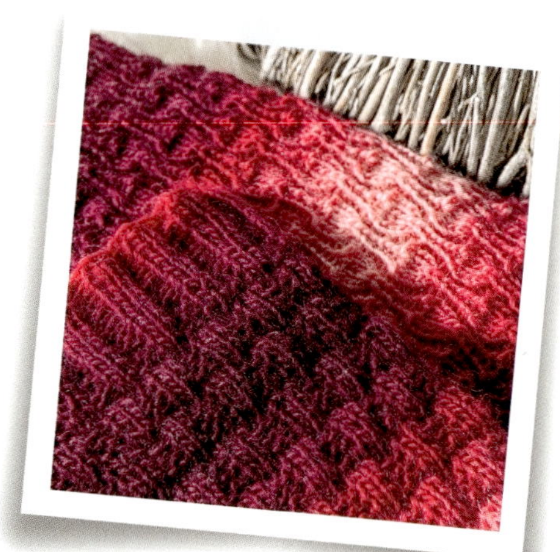

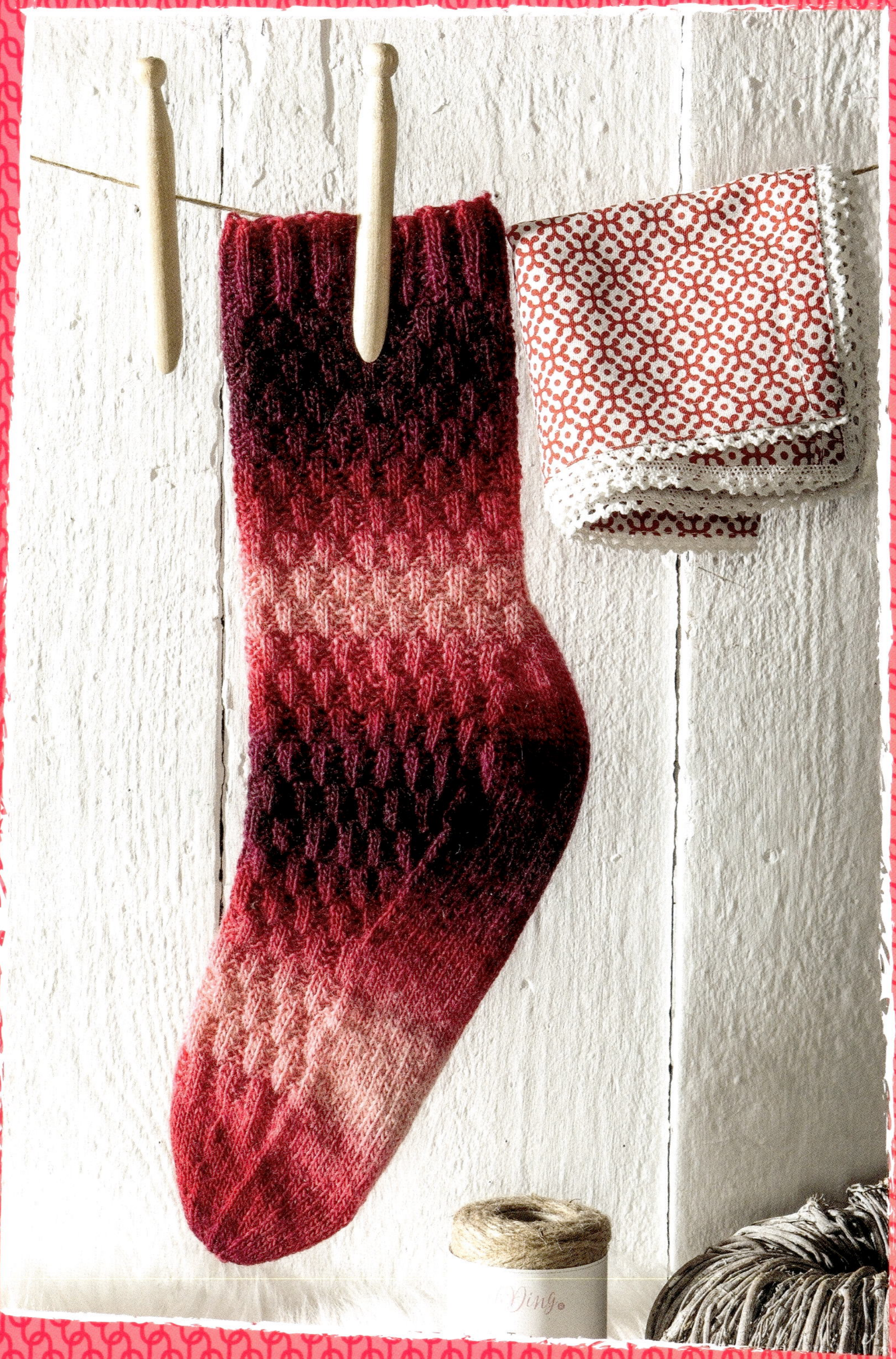

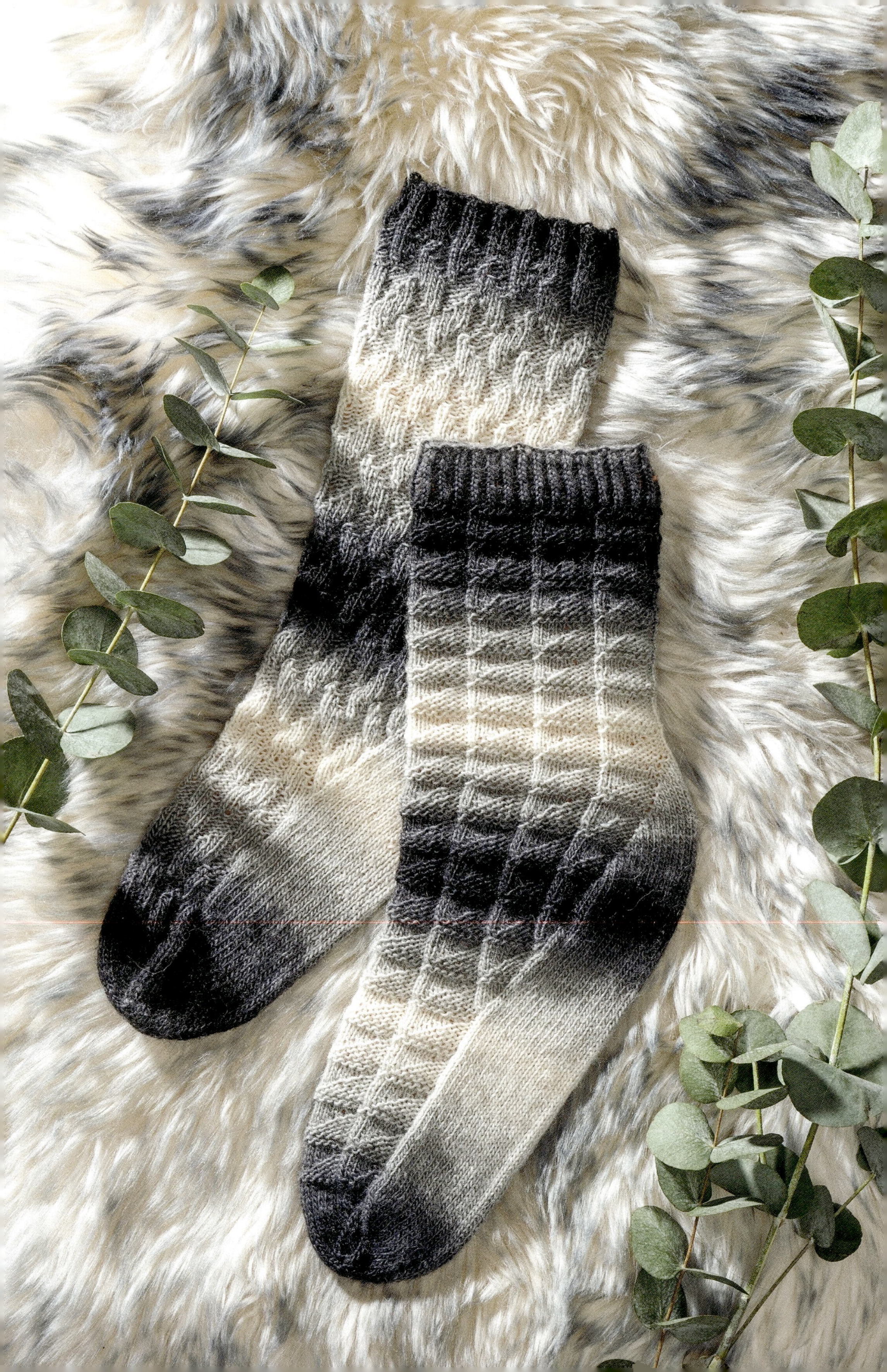

COOL BLEIBEN …

Material für Mini-Rauten (links), für Dreieckrippen (rechts):
pro Paar 100 g Woolly Hugs YEAR-SOCKS (75% Schurwolle, 25% Polyamid, Lauflänge ca. 400 m/100 g), Farbe Nr. 11 November • 1 Nadelspiel Nr. 2,5–3,5 • 2 Rundenmarkierer

MINI-RAUTEN **

Das Muster passt sehr gut zu Herrensocken.

SO WIRD'S GEMACHT

Bündchen

64 Maschen + 1 Masche anschlagen.
Eine Reihe rechte Maschen und zur Runde schließen, dabei die erste und letzte Masche zusammenstricken.
10 Runden (ca. 2 cm) * 2 re, 2 li * für das Bündchen stricken.

Schaft

Muster »Mini-Rauten«
Rapport: 8 Maschen
Mustersatz: 16 Runden

Strickschrift

8	7	6	5	4	3	2	1	
I	–	–	–	I	I	I	–	16
I	–	–	–	I	I	I	–	15
I	I	–	–	I	I	–	–	14
I	I	–	–	I	I	–	–	13
I	I	I	–	I	–	–	–	12
I	I	I	–	I	–	–	–	11
I	I	I	I	–	–	–	–	10
I	I	I	I	–	–	–	–	9
–	I	I	I	–	–	–	I	8
–	I	I	I	–	–	–	I	7
–	–	I	I	–	–	I	I	6
–	–	I	I	–	–	I	I	5
–	–	–	I	–	I	I	I	4
–	–	–	I	–	I	I	I	3
–	–	–	–	I	I	I	I	2
–	–	–	–	I	I	I	I	1

Legende
I re M
– li M

Muster schriftlich
1.+2. Rd: * 4 re, 4 li *
3.+4. Rd: * 3 re, 1 li, 1 re, 3 li *
5.+6. Rd: * 2 re, 2 li *
7.+8. Rd: * 1 re, 3 li, 3 re, 1 li *
9.+10. Rd: * 4 li, 4 re *
11.+12. Rd: * 3 li, 1 re, 1 li, 3 re *
13.+14. Rd: * 2 li, 2 re *
15.+16. Rd: * 1 li, 3 re, 3 li, 1 re *

Ferse

Nach 4 Mustersätzen (64 Runden) mit der Ferse beginnen, siehe Workshop. Das Schaftmuster über dem Fußrist fortführen.

Spitze

Bandspitze arbeiten, siehe Workshop.

DREIECKSRIPPEN **

Das Muster wirkt schön plastisch und passt gut zu Herrensocken.

SO WIRD'S GEMACHT

Bündchen

64 Maschen + 1 Masche anschlagen.
Eine Reihe rechte Maschen und zur Runde schließen, dabei die erste und letzte Masche zusammenstricken.
10 Runden (ca. 2 cm) * 1 re, 1 li * für das Bündchen stricken.

Schaft

Muster »Dreiecksrippen«
Rapport: 8 Maschen
Mustersatz: 9 Runden

Strickschrift

8	7	6	5	4	3	2	1	
–	–	–	–	–	–	–	I	9
–	–	–	–	–	–	I	I	8
–	–	–	–	–	I	I	I	7
–	–	–	–	I	I	I	I	6
–	–	–	I	I	I	I	I	5
–	–	I	I	I	I	I	I	4
–	I	I	I	I	I	I	I	3
–	–	–	–	–	–	–	–	2
I	I	I	I	I	I	I	I	1

Legende
I re M
– li M

Muster schriftlich
1. Rd: * re *
2. Rd: * li *
3. Rd: * 7 re, 1 li *
4. Rd: * 6 re, 2 li *
5. Rd: * 5 re, 3 li *
6. Rd: * 4 re, 4 li *
7. Rd: * 3 re, 5 li *
8. Rd: * 2 re, 6 li *
9. Rd: * 1 re, 7 li *

Ferse

Nach 7 Mustersätzen (63 Runden) mit der Ferse beginnen, siehe Workshop. Das Schaftmuster über dem Fußrist fortführen.

Spitze

Bandspitze arbeiten, siehe Workshop.

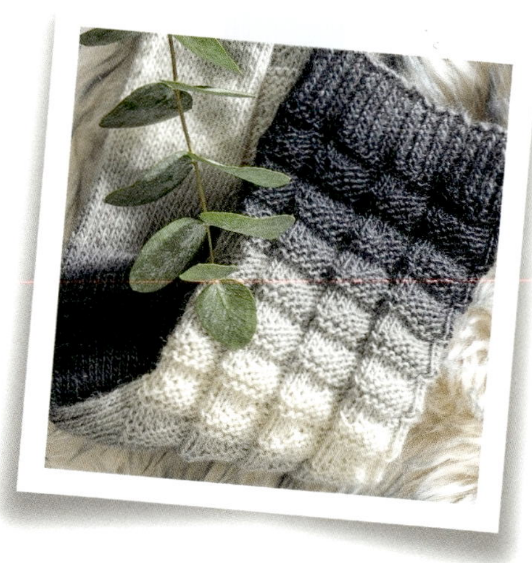

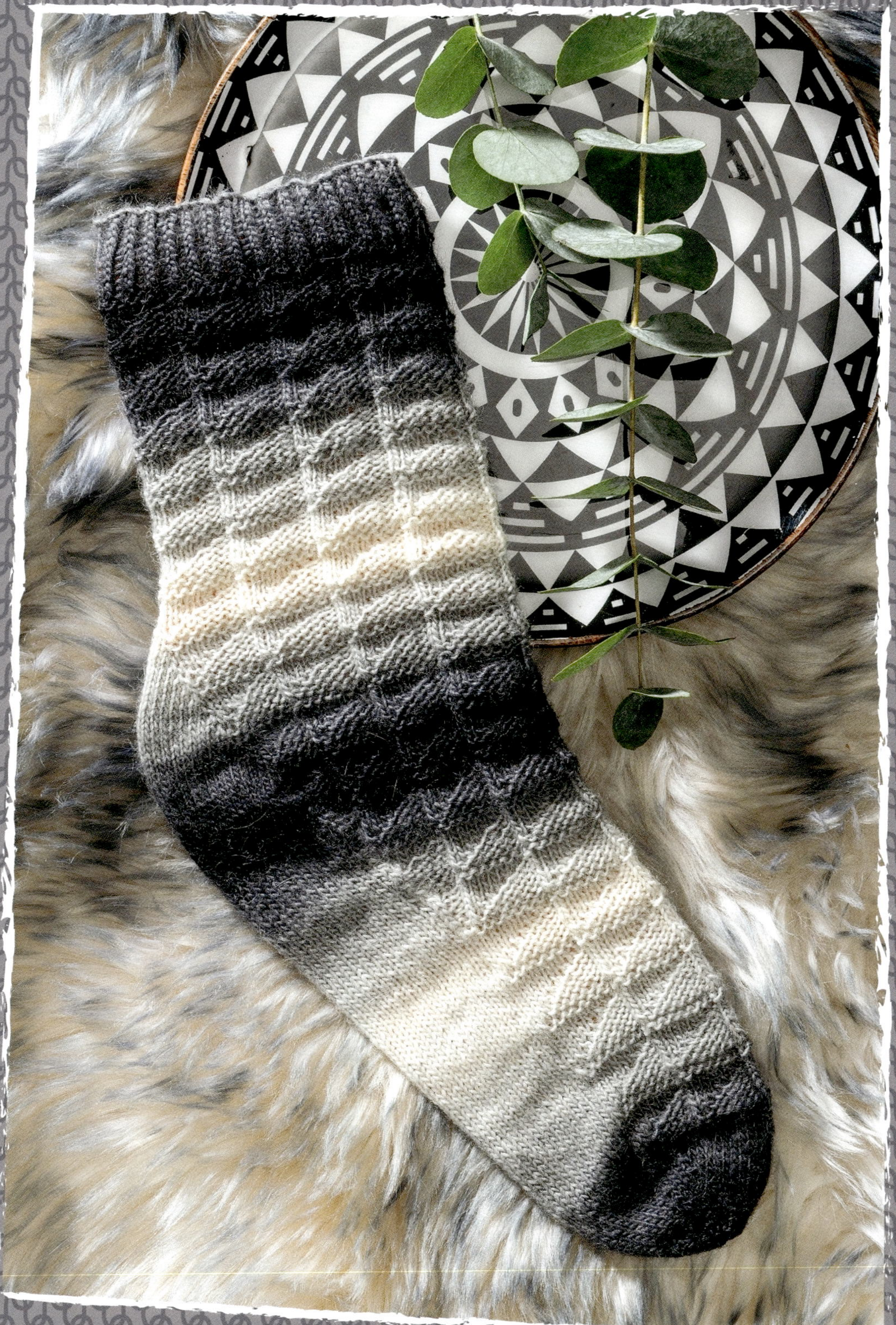

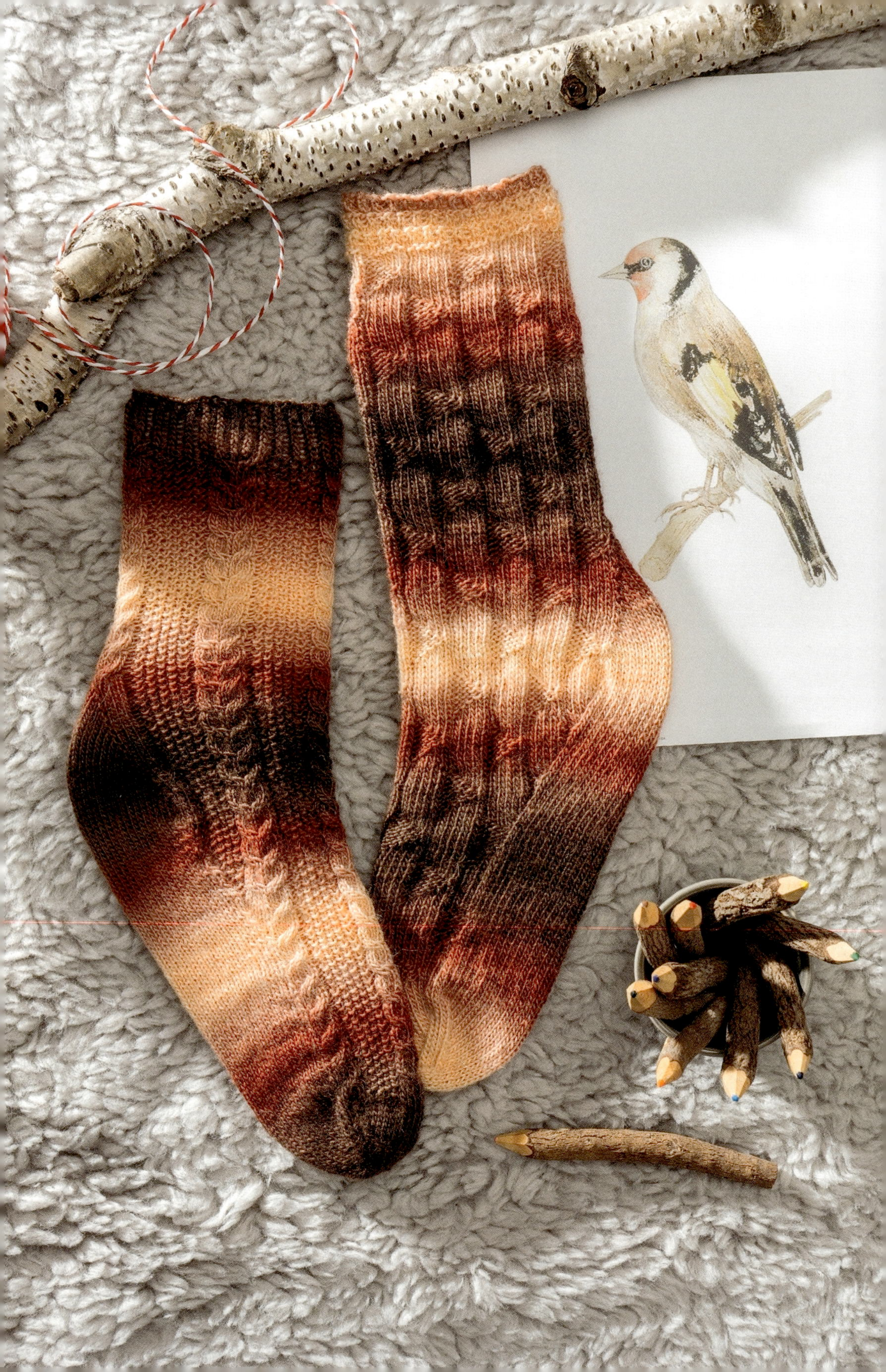

SEELENWÄRMER

Material für Zopfmuster (links), für Wimpelkette (rechts):
pro Paar 100 g Woolly Hugs YEAR-SOCKS (75% Schurwolle, 25% Polyamid, Lauflänge ca. 400 m/100 g), Farbe Nr. 2 Februar • 1 Nadelspiel Nr. 2,5–3,5 • 2 Rundenmarkierer

ZOPFMUSTER ***

Hier sind es zwei Minizöpfchen, die gegengleich verlaufen.

SO WIRD'S GEMACHT

Bündchen

64 Maschen + 1 Masche anschlagen (Hinweis: Das Muster zieht sich durch die Zöpfchen etwas zusammen. Daher jeweils die Maschenanzahl der nächst größeren Sockengröße nehmen.) Eine Reihe rechte Maschen und zur Runde schließen, dabei die erste und letzte Masche zusammenstricken.
10 Runden (ca. 4 cm) * 1 re, 1 li * für das Bündchen stricken.

Schaft

Muster »Zopfmuster«

Rapport: Eine ganze Nadelbreite (für Größe 39 sind das 16 Maschen). Ein Rapport ist immer eine ganze Nadelbreite, die Maschenanzahl passt sich der Sockengröße an. Mindestanzahl pro Nadel sind 8 + 3 Maschen.
Mustersatz: 6 Runden

Strickschrift

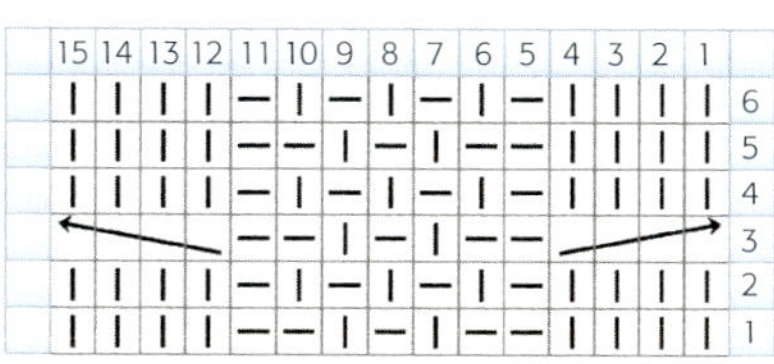

Legende

| re M

– li M

(Zopfsymbol nach links) 2 M auf eine Hilfs-Nd vor die Arbeit legen, 2 M str, dann die M der Hilfs-Nd re str

(Zopfsymbol nach rechts) 2 M auf eine Hilfs-Nd hinter die Arbeit legen, 2 M str, dann die M der Hilfs-Nd re str

Muster schriftlich

1. Rd: * 4 re, 2 li, 1 re, 1 li, 1 re, 2 li, 4 re *
2. Rd: * 4 re, 1 li, 1 re, 1 li, 1 re, 1 li, 1 re, 1 li, 4 re *
3. Rd: * 4 M verzopfen, 2 li, 1 re, 1 li, 1 re, 2 li, 4 M gegengleich verzopfen *
4. Rd: * 4 re, 1 li, 1 re, 1 li, 1 re, 1 li, 1 re, 1 li, 4 re *
5. Rd: * 4 re, 2 li, 1 re, 1 li, 1 re, 2 li, 4 re *
6. Rd: * 4 re, 1 li, 1 re, 1 li, 1 re, 1 li, 1 re, 1 li, 4 re *

Ferse

Nach 10 Mustersätzen (60 Runden) mit der Ferse beginnen, siehe Workshop. Das Schaftmuster über dem Fußrist fortführen.

Spitze

Bandspitze arbeiten, siehe Workshop.

WIMPELKETTE **

Wie kleine Wimpel an Schnüren läuft dieses Muster an den Füßen hoch.

SO WIRD'S GEMACHT

Bündchen

60 Maschen + 1 Masche anschlagen.
Eine Reihe rechte Maschen und zur Runde schließen, dabei die erste und letzte Masche zusammenstricken.
15 Runden laut Strickschrift 1 für das Bündchen stricken.

Strickschrift 1

2	1	
—	—	10
I	I	9
I	I	8
I	—	7
I	—	6
—	—	5
I	I	4
I	I	3
—	I	2
—	I	1

Legende für beide Strickschriften

I re M
— li M

Muster schriftlich

1.+2. Rd: * 1 re, 1 li *
3.+4. Rd: * re *
5. Rd: * li *
6.+7. Rd: * 1 li, 1 re *
8.+9. Rd: * re *
10. Rd: * li *
11.–15. Rd: Rd 1–5 wiederholen

Schaft

Muster »Wimpelkette« laut Strickschrift 2

Rapport: 6 Maschen
Mustersatz: 20 Runden
Das Muster zieht sich in Breite etwas zusammen.

Strickschrift 2

12	11	10	9	8	7	6	5	4	3	2	1	
—	I	I	I	I	I	—	I	I	I	I	I	20
—	I	I	I	I	I	—	I	I	I	I	—	19
—	I	I	I	I	I	—	I	I	I	—	—	18
—	I	I	I	I	I	—	I	I	—	—	—	17
—	I	I	I	I	I	—	I	—	—	—	—	16
—	I	I	I	I	I	—	I	—	—	—	—	15
—	I	I	I	I	I	—	I	I	—	—	—	14
—	I	I	I	I	I	—	I	I	I	—	—	13
—	I	I	I	I	I	—	I	I	I	I	—	12
—	I	I	I	I	I	—	I	I	I	I	I	11
—	I	I	I	I	I	—	I	I	I	I	I	10
—	I	I	I	I	—	—	I	I	I	I	I	9
—	I	I	I	—	—	—	I	I	I	I	I	8
—	I	I	—	—	—	—	I	I	I	I	I	7
—	I	—	—	—	—	—	I	I	I	I	I	6
—	I	—	—	—	—	—	I	I	I	I	I	5
—	I	I	—	—	—	—	I	I	I	I	I	4
—	I	I	I	—	—	—	I	I	I	I	I	3
—	I	I	I	I	—	—	I	I	I	I	I	2
—	I	I	I	I	I	—	I	I	I	I	I	1

Muster schriftlich

1. Rd: * 5 re, 1 li, 5 re, 1 li *
2. Rd: * 5 re, 2 li, 4 re, 1 li *
3. Rd: * 5 re, 3 li, 3 re, 1 li *
4. Rd: * 5 re, 4 li, 2 re, 1 li *
5.+6. Rd: * 5 re, 5 li, 1 re, 1 li *
7. Rd: * 5 re, 4 li, 2 re, 1 li *
8. Rd: * 5 re, 3 li, 3 re, 1 li *
9. Rd: * 5 re, 2 li, 4 re, 1 li *
10.+11. Rd: * 5 re, 1 li, 5 re, 1 li *
12. Rd: * 1 li, 4 re, 1 li, 5 re, 1 li *
13. Rd: * 2 li, 3 re, 1 li, 5 re, 1 li *
14. Rd: * 3 li, 2 re, 1 li, 5 re, 1 li *
15.+16. Rd: * 4 li, 1 re, 1 li, 5 re, 1 li *
17. Rd: * 3 li, 2 re, 1 li, 5 re, 1 li *
18. Rd: * 2 li, 3 re, 1 li, 5 re, 1 li *
19. Rd: * 1 li, 4 re, 1 li, 5 re, 1 li *
20. Rd: * 5 re, 1 li, 5 re, 1 li *

Ferse

Nach 3 Mustersätzen (60 Runden) mit der Ferse beginnen, siehe Workshop. Das Schaftmuster über dem Fußrist fortführen.

Spitze

Bandspitze arbeiten, siehe Workshop.

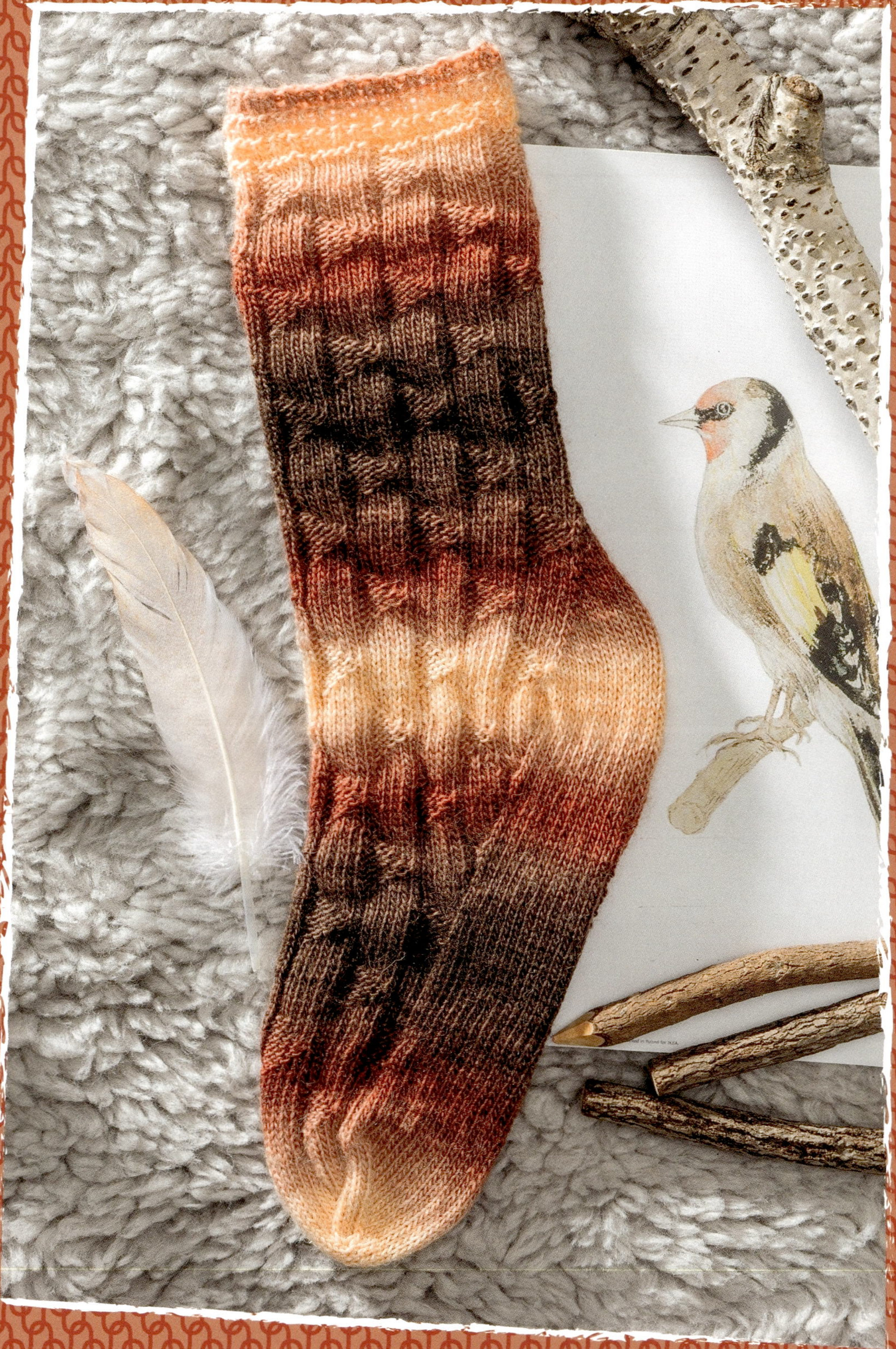

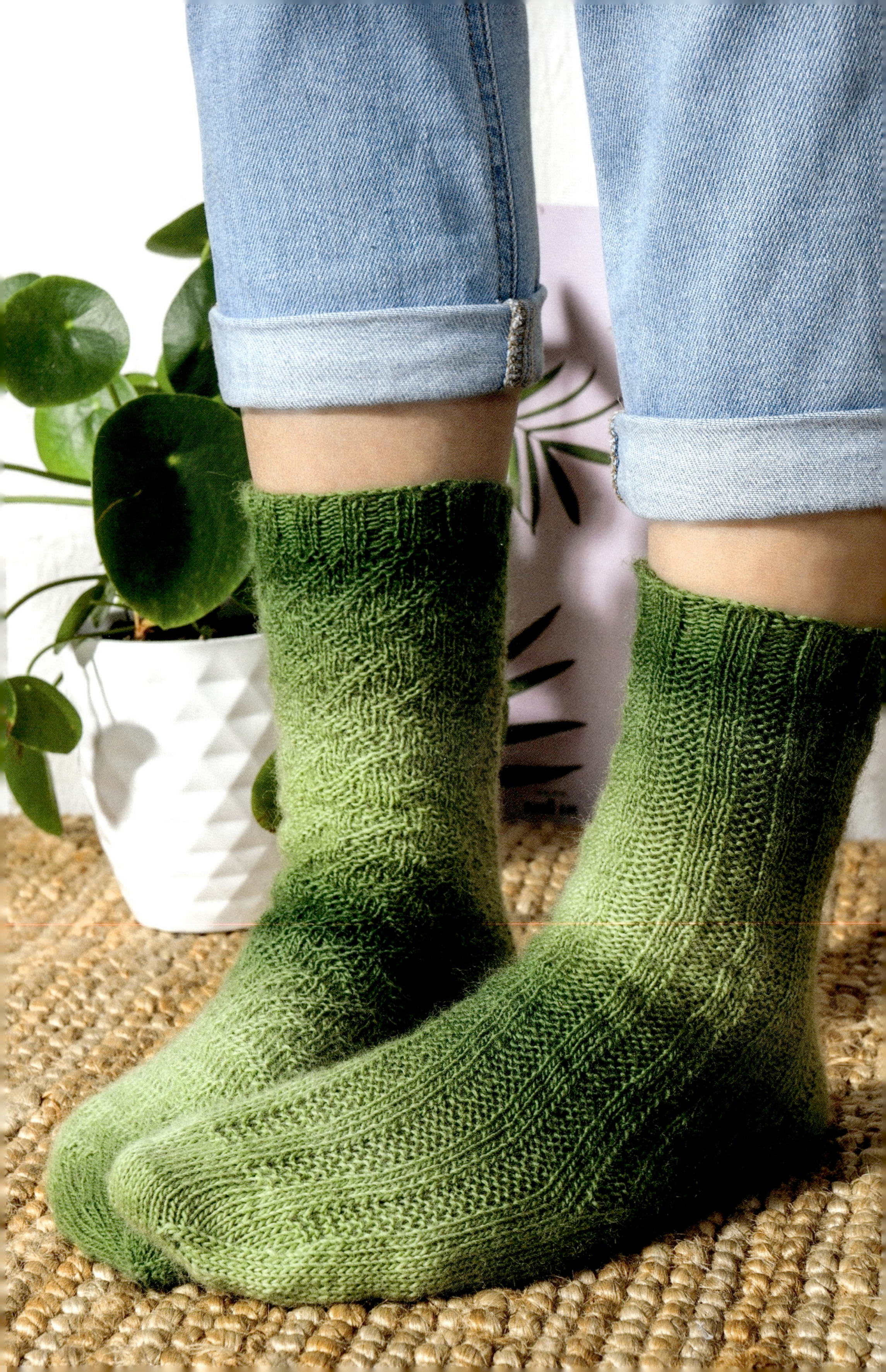

FRISCHEKICK!

Material für Würfelspiel (links), für Palmengras (rechts):
pro Paar 100 g Woolly Hugs YEAR-SOCKS (75% Schurwolle, 25% Polyamid, Lauflänge ca. 400 m/100 g), Farbe Nr. 05 Mai • 1 Nadelspiel Nr. 2,5–3,5 • 2 Rundenmarkierer

WÜRFELSPIEL **

Das Besondere bei diesem »erwürfelten« Muster ist, dass kein Socken dem anderen exakt gleicht. Es sei denn, man schreibt die Würfelergebnisse auf.
Für mich das Muster, welches am meisten Spaß macht!

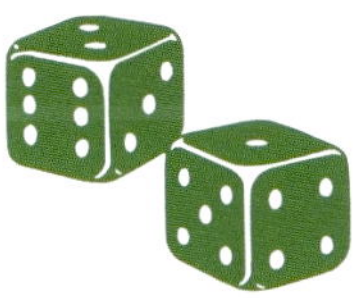

SO WIRD'S GEMACHT

Bündchen

60 Maschen + 1 Masche anschlagen
Eine Reihe rechte Maschen und zur Runde schließen, dabei die erste und letzte Masche zusammenstricken.
10 Runden (ca. 2 cm) * 3 re, 3 li * für das Bündchen stricken.

Schaft

Muster »Würfelspiel«
Rapport: 6 Maschen
Mustersatz: 2 Runden
Es wird immer * 3 re, 3 li * gestrickt. Doch nach jedem Mustersatz (= 2 Runden) wird der Rapport um eine Masche nach links oder rechts verschoben. Wie viele Mustersätze der Rapport in diese Richtung verschoben wird, bestimmt der Würfel. Und das geht so:
Eine Zahl würfeln und 1 addieren. Z. B. wurde eine 2 gewürfelt + 1 = **3**. Nun verschiebt man für **3** Mustersätze jeweils den Rapport um eine Masche nach links (insgesamt werden 6 Runden gestrickt). Nach 6 Runden wird wieder gewürfelt. Z. B. eine 4 + 1 = **5**. Nun verschiebt man für **5** Mustersätze jeweils den Rapport um eine Masche nach rechts (also 10 Runden).
In dieser Weise fortfahren bis die Schaftlänge erreicht ist.
Wer beim zweiten Socken das exakt gleiche Muster haben möchte, muss die Ergebnisse aufschreiben.

Strickschrift

	6	5	4	3	2	1	
	I	I	I	I	I	I	2
	—	—	—	I	I	I	1

Legende
I re M
— li M

Muster schriftlich
1. Rd: * 3 re, 1 li *
2. Rd: * re *

Ferse

Nach 70 Runden mit der Ferse beginnen, siehe Workshop. Das Schaftmuster über dem Fußrist fortführen.

Spitze

Bandspitze arbeiten, siehe Workshop.

PALMENGRAS *

Ein ganz einfaches Muster, dass gut zu Herrensocken passt und sich schön zusammenzieht.

SO WIRD'S GEMACHT

Bündchen

60 Maschen + 1 Masche anschlagen.
Eine Reihe rechte Maschen und zur Runde schließen, dabei die erste und letzte Masche zusammenstricken.
10 Runden (ca. 2 cm) * 3 re, 3 li * für das Bündchen stricken.

Schaft

Muster »Palmengras«
Rapport: 6 Maschen
Mustersatz: 2 Runden

Strickschrift

	6	5	4	3	2	1	
	I	I	I	I	I	I	2
	–	–	–	I	I	I	1

Legende
I re M
– li M

Muster schriftlich
1. Rd: * 3re, 3li *
2. Rd: * re *

Ferse

Nach 32 Mustersätzen (64 Runden) mit der Ferse beginnen, siehe Workshop. Das Schaftmuster über dem Fußrist fortführen.

Spitze

Bandspitze arbeiten, siehe Workshop.

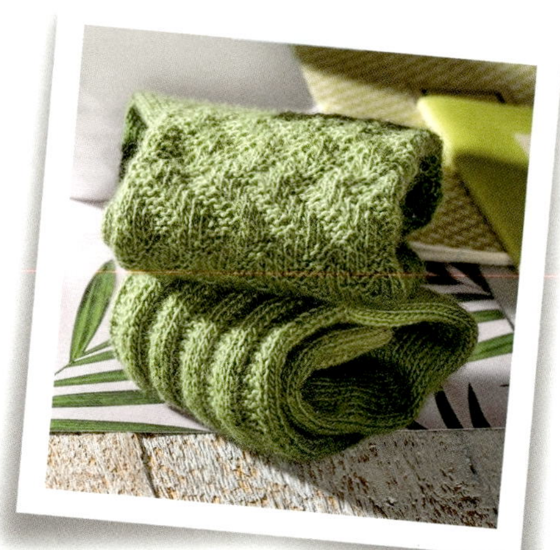

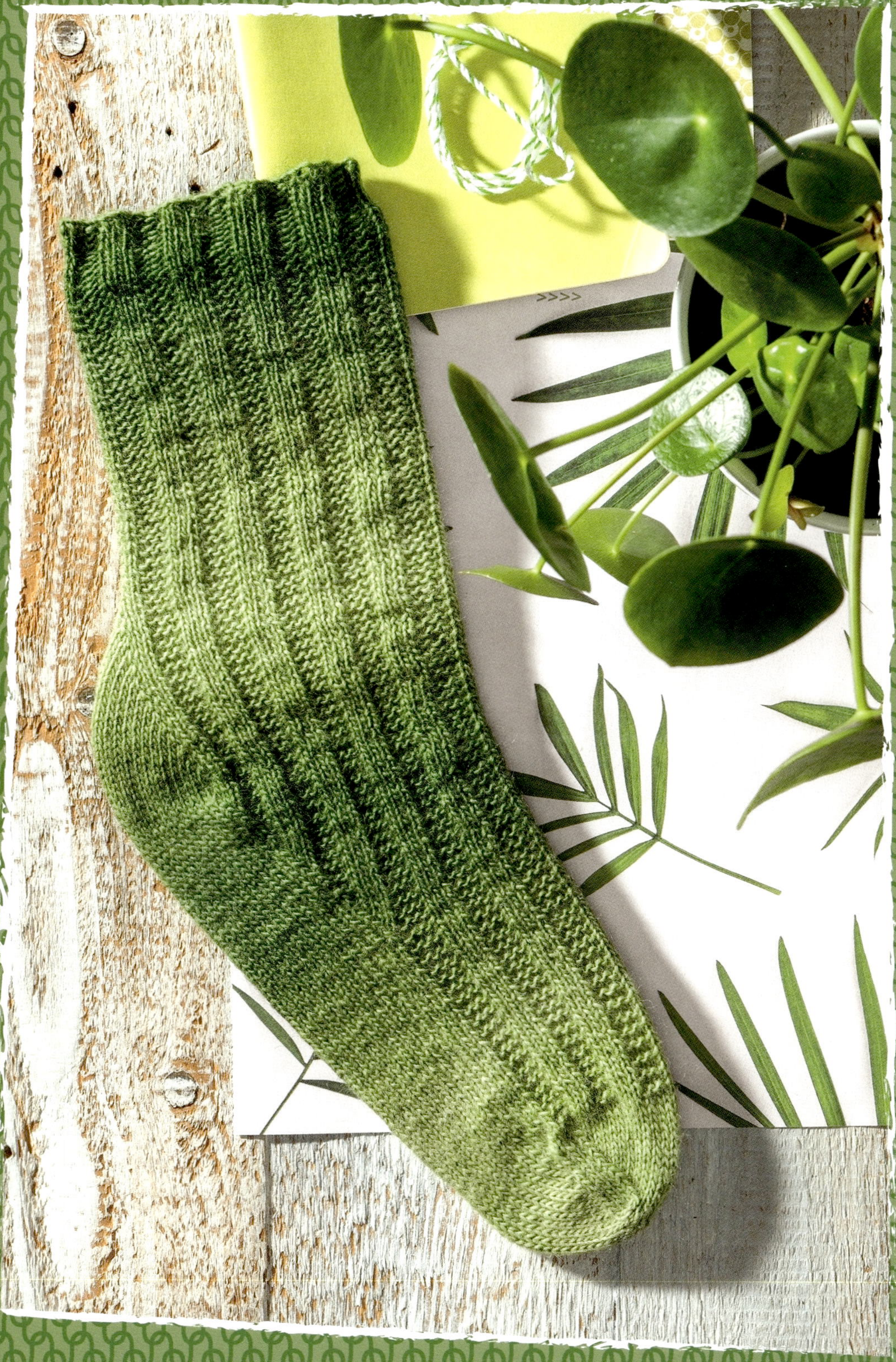

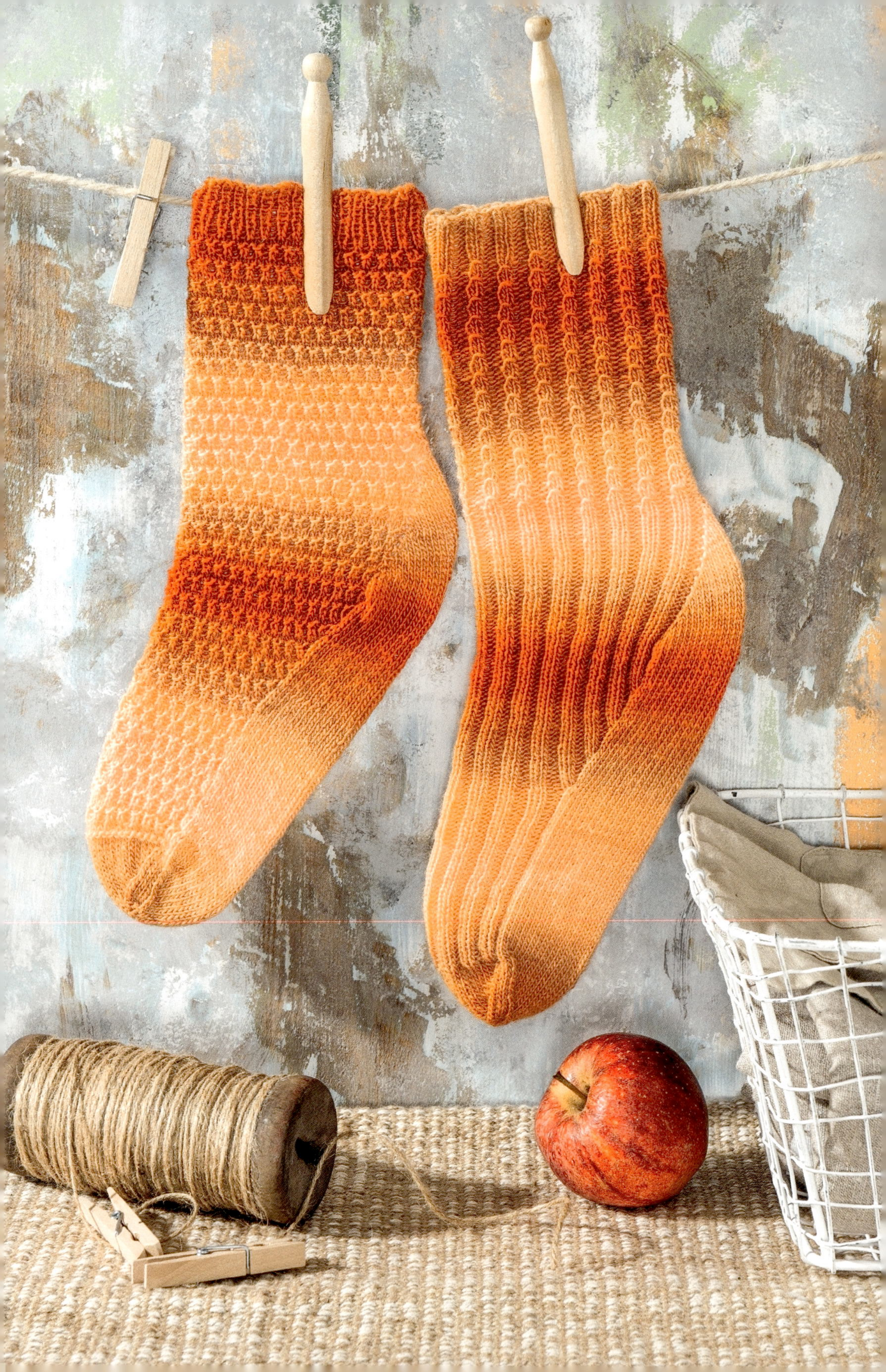

WARME TÖNE

Material für Kleine Lisene (links), für Perlenschnüre (rechts):
pro Paar 100 g Woolly Hugs YEAR-SOCKS (75% Schurwolle, 25% Polyamid, Lauflänge ca. 400 m/100 g) Farbe Nr. 09 September • 1 Nadelspiel Nr. 2,5–3,5 • 2 Rundenmarkierer

KLEINE LISENE *

Eine »Lisene« (von frz. lisière »Saum«, »Rand«, »Kante«) auch Mauerblende, ist eine leicht hervortretende vertikale Verstärkung der Wand – das kam mir bei diesem Muster in den Sinn.

SO WIRD'S GEMACHT

Bündchen

60 Maschen + 1 Masche anschlagen.
Eine Reihe rechte Maschen und zur Runde schließen, dabei die erste und letzte Masche zusammenstricken.
10 Runden (ca. 2 cm) * 1 re, 1 li * für das Bündchen stricken.

Schaft

Muster »Kleine Lisene«
Rapport: 2 Maschen
Mustersatz: 10 Runden

Strickschrift

	2	1	
	–	–	10
	I	I	9
	I	I	8
	I	–	7
	I	–	6
	–	–	5
	I	I	4
	I	I	3
	–	I	2
	–	I	1

Legende
I re M
– li M

Muster schriftlich
1.+2. Rd: * 1 re, 1 li *
3.+4. Rd: * re *
5. Rd: * li *
6.+7. Rd: * 1 li, 1 re *
8.+9. Rd: * re *
10. Rd: * li *

Ferse

Nach 6 Mustersätzen (60 Runden) mit der Ferse beginnen, siehe Workshop. Das Schaftmuster über dem Fußrist fortführen.

Spitze

Bandspitze arbeiten, siehe Workshop.

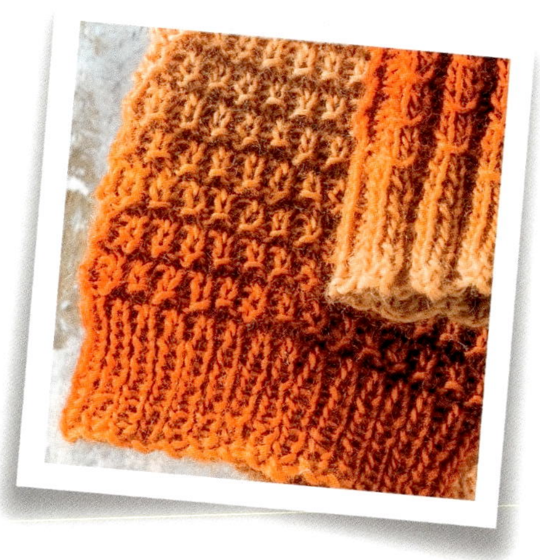

PERLENSCHNÜRE ***

Das Muster zieht sich schön zusammen und liegt toll am Fuß an. Wer mag, kann das Muster auch über den ganzen Fußrist stricken.

SO WIRD'S GEMACHT

Bündchen

64 Maschen + 1 Masche anschlagen.
Eine Reihe rechte Maschen und zur Runde schließen, dabei die erste und letzte Masche zusammenstricken.
10 Runden (ca. 2 cm) * 2 re, 2 li * für das Bündchen stricken.

Schaft

Muster »Perlenschnüre«
Rapport: 8 Maschen
Mustersatz: 4 Runden

Strickschrift

8	7	6	5	4	3	2	1	
—	—	I	I	—	—	ИU		4
—	—	I	I	—	—	I	I	3
—	—	ИU		—	—	I	I	2
—	—	I	I	—	—	I	I	1

Legende
I re M
— li M
ИU U: 2 re, U über die 2 re M ziehen

Muster schriftlich
1. Rd: * 2 re, 2 li *
2. Rd: * 2 re, 2 li, 1 U, (2 re, U über die 2 re M ziehen), 2li *
3. Rd: * 2 re, 2 li *
4. Rd: * 1 U, (2 re, U über die 2 re M ziehen), 2 li, 2 re, 2 li *

Ferse

Nach 15 Mustersätzen (60 Runden) mit der Ferse beginnen, siehe Workshop, dabei hier über dem Fußrist * 2 re, 2 li * stricken.

Spitze

Bandspitze arbeiten, siehe Workshop.

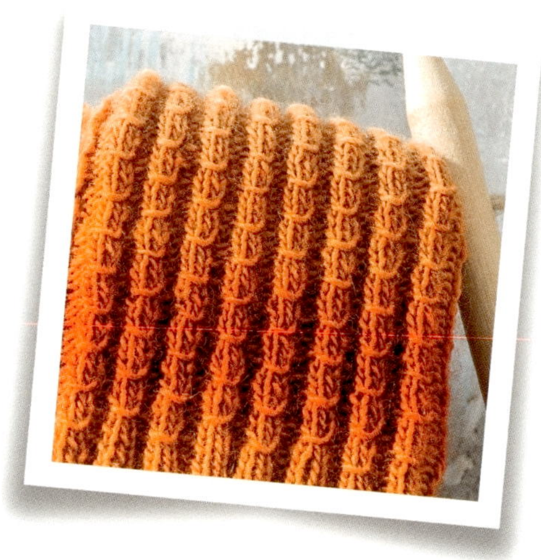

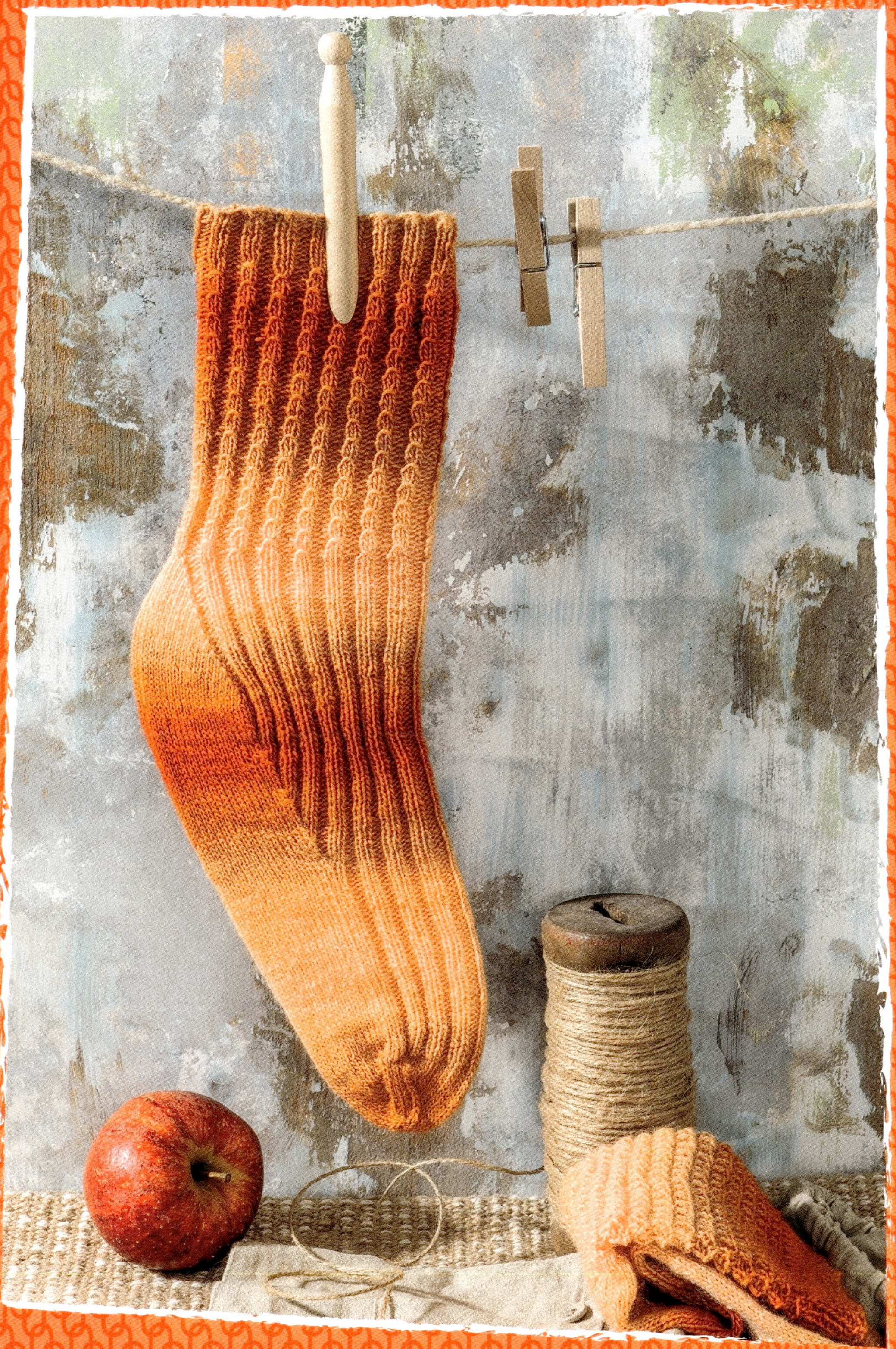

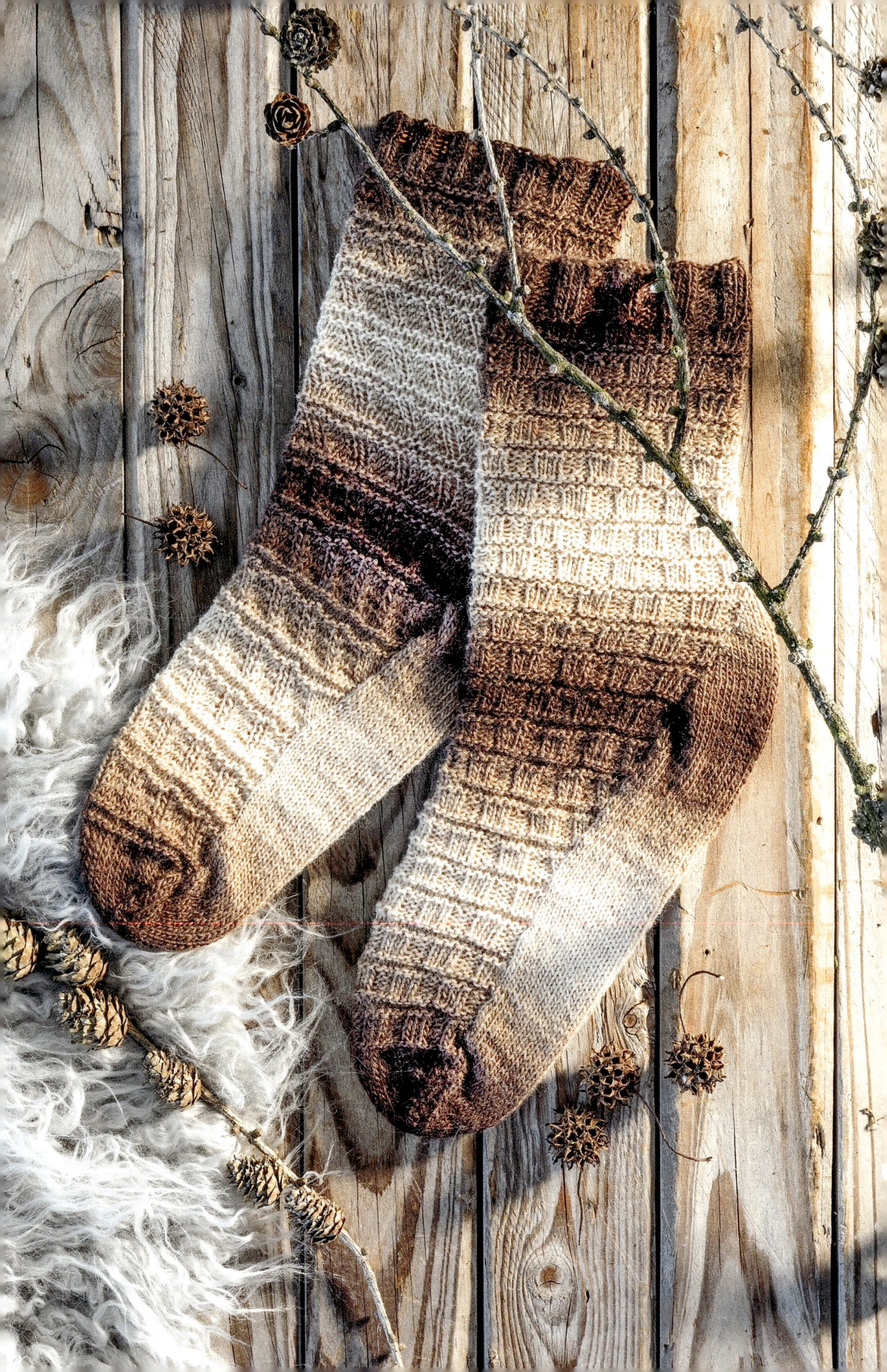

NATUR PUR

Material für Windspiel (links), für Schindelchen (rechts):
pro Paar 100 g Woolly Hugs YEAR-SOCKS (75% Schurwolle, 25% Polyamid, Lauflänge ca. 400 m/100 g), Farbe Nr. 11 November • 1 Nadelspiel Nr. 2,5–3,5 • 2 Rundenmarkierer

WINDSPIEL **

Wie Gras im Wind biegen sich die Reihen hin und her. Ein einfaches, aber effektvolles Muster.

SO WIRD'S GEMACHT

Bündchen

60 Maschen + 1 Masche anschlagen.
Eine Reihe rechte Maschen und zur Runde schließen, dabei die erste und letzte Masche zusammenstricken.
10 Runden (ca. 4 cm) * 2 re, 2 li * für das Bündchen stricken.

Schaft

Muster »Windspiel«
Rapport: 4 Maschen
Mustersatz: 12 Runden

Strickschrift

4	3	2	1	
◁	I	⩚	I	12
I	I	I	I	11
◁	I	⩚	I	10
I	I	I	I	9
◁	I	⩚	I	8
I	I	I	I	7
◁	I	⩚	I	6
—	—	—	—	5
I	I	I	I	4
I	I	I	I	3
—	—	—	—	2
I	I	I	I	1

Legende
◁ kfb
I re M
⩚ 2 M re zus
— li M

Muster schriftlich
1. Rd: * re *
2. Rd: * li *
3.+4. Rd: * re *
5. Rd: * li *
6. Rd: * 1 re, 2 re zus, 1 re, 1 kfb *
7. Rd: * re *
8. Rd: * 1 re, 2 re zus, 1 re, 1 kfb *
9. Rd: * re *
10. Rd: * 1 re, 2 re zus, 1 re, 1 kfb *
11. Rd: * re *
12. Rd: * 1 re, 2 re zus, 1 re, 1 kfb *

Zunahme mit kfb
kfb (knit front back) ist ein Kürzel aus englischen Strickanleitungen: Eine Masche rechts stricken, die alte Masche aber auf der linken Nadel lassen und noch einmal in den hinteren Teil dieser alten Schlaufe stechen und eine Masche daraus rechts verschränkt stricken.

Ferse

Nach 5 Mustersätzen (60 Runden) mit der Ferse beginnen, siehe Workshop. Das Schaftmuster über dem Fußrist fortführen.

Spitze

Bandspitze arbeiten, siehe Workshop.

SCHINDELCHEN *

Das Muster passt gut zu Herrensocken.

SO WIRD'S GEMACHT

Bündchen

60 Maschen + 1 Masche anschlagen.
Eine Reihe rechte Maschen und zur Runde schließen, dabei die erste und letzte Masche zusammenstricken.
10 Runden (ca. 2 cm) * 3 re, 3 li * für das Bündchen stricken.

Schaft

Muster »Schindelchen«
Rapport: 6 Maschen
Mustersatz: 16 Runden

Strickschrift

6	5	4	3	2	1	
I	I	I	I	I	I	17
—	—	—	—	—	—	16
I	I	I	—	—	—	15
I	I	I	—	—	—	14
I	I	I	—	—	—	13
I	I	I	—	—	—	11
—	—	—	—	—	—	10
I	I	I	I	I	I	9
I	I	I	I	I	I	8
—	—	—	—	—	—	7
—	—	—	I	I	I	6
—	—	—	I	I	I	5
—	—	—	I	I	I	4
—	—	—	I	I	I	3
—	—	—	—	—	—	2
I	I	I	I	I	I	1

Legende
I re M
— li M

Muster schriftlich
1. Rd: * re *
2. Rd: * li *
3.–6. Rd: * 3 re, 3 li *
7. Rd: * li *
8.+9. Rd: * re *
10. Rd: * li *
11.–14. Rd: * 3 li, 3 re *
15. Rd: * li *
16. Rd: * re *

Ferse

Nach 4 Mustersätzen (64 Runden) mit der Ferse beginnen, siehe Workshop. Das Schaftmuster über dem Fußrist fortführen.

Spitze

Bandspitze arbeiten, siehe Workshop.

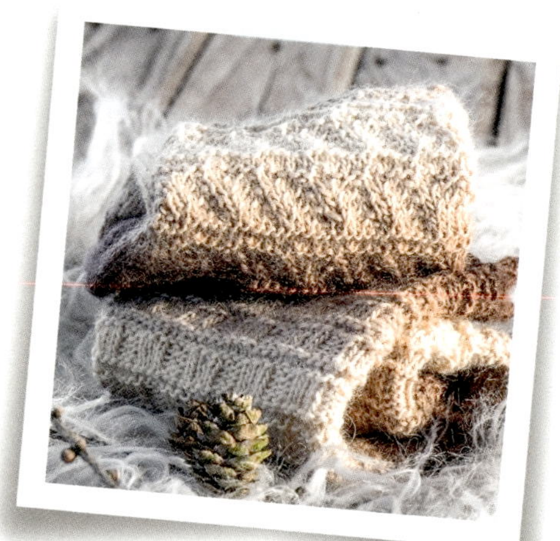

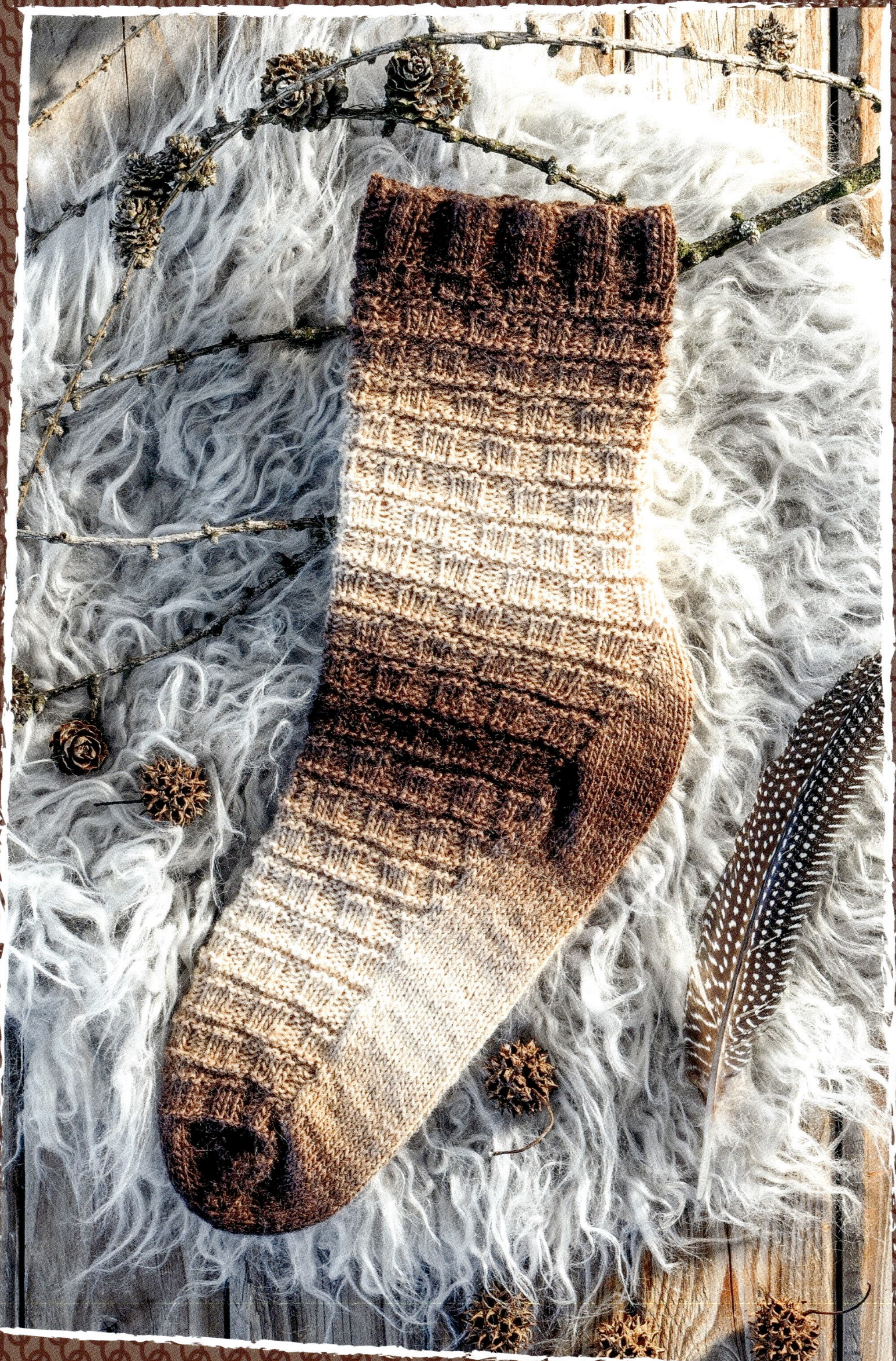

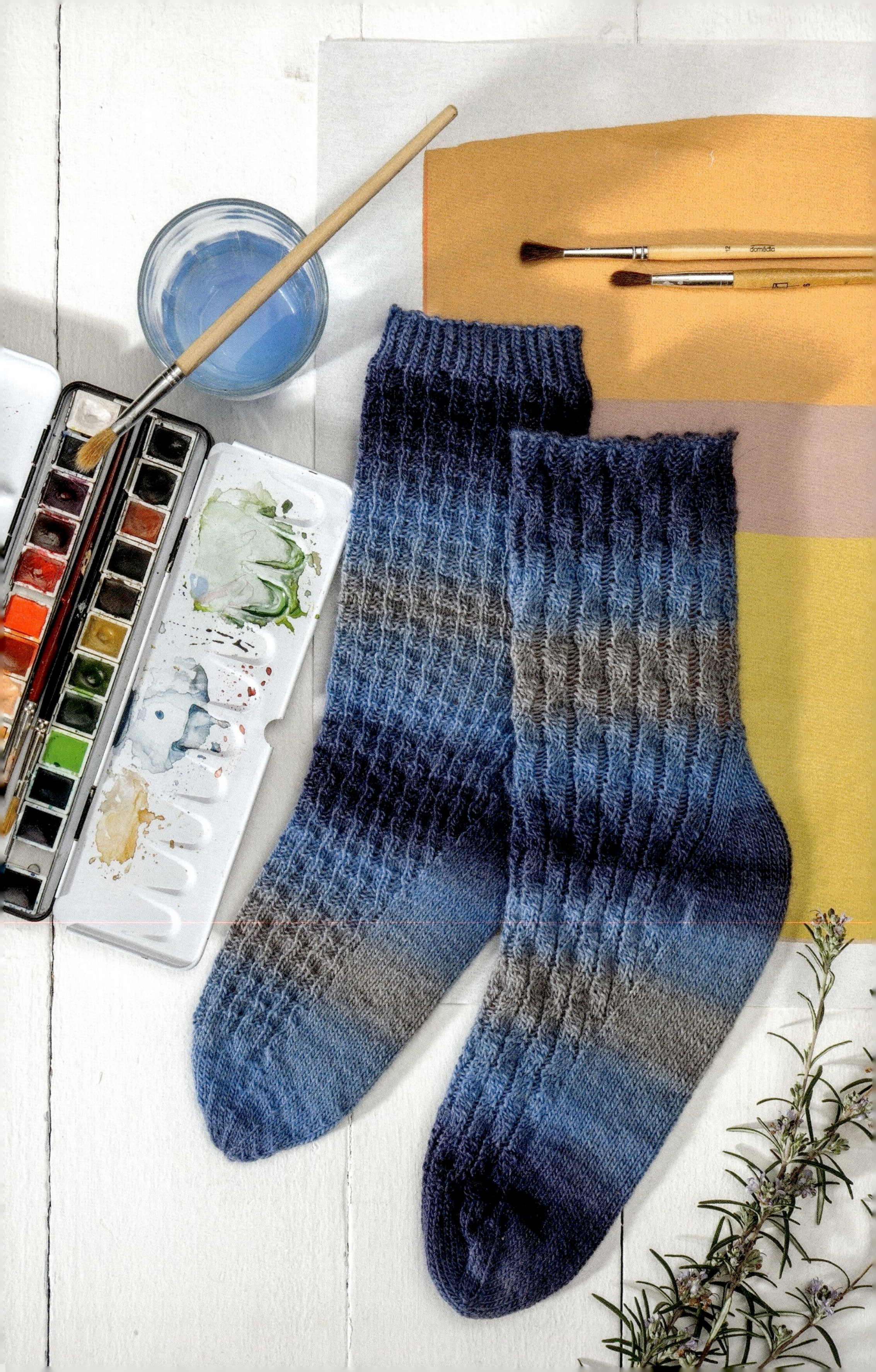

EINFACH MAL BLAU MACHEN

Material für Luftschlangen (links), für Wassertropfen (rechts):
pro Paar 100 g Woolly Hugs YEAR-SOCKS (75% Schurwolle, 25% Polyamid, Lauflänge ca. 400 m/100 g), Farbe Nr. 06 Juni • 1 Nadelspiel Nr. 2,5–3,5 • 2 Rundenmarkierer

LUFTSCHLANGEN *

Ein hübsches, aber einfaches Muster aus rechten und linken Maschen. Es zieht sich ein bisschen zusammen und liegt gut am Fuß an.

SO WIRD'S GEMACHT

Bündchen

60 Maschen + 1 Masche anschlagen.
Eine Reihe rechte Maschen und zur Runde schließen, dabei die erste und letzte Masche zusammenstricken.
10 Runden (ca. 4 cm) * 1 re verschränkt, 1 li * für das Bündchen stricken.

Schaft

Muster »Luftschlangen«
Rapport: 6 Maschen
Mustersatz: 8 Runden

Strickschrift

6	5	4	3	2	1	
–	I	I	I	I	–	8
–	I	I	I	I	–	7
–	I	I	I	I	–	6
–	I	I	I	I	–	5
I	I	–	–	I	I	4
I	I	–	–	I	I	3
I	I	–	–	I	I	2
I	I	–	–	I	I	1

Legende
I re M
– li M

Muster schriftlich
1.–4. Rd: 2 re, * 2 li, 4 re *
5.–8. Rd: 1 li, * 4 re, 2 li *

Ferse

Nach 7,5 Mustersätzen (60 Runden) mit der Ferse beginnen, siehe Workshop. Das Schaftmuster über dem Fußrist fortführen.

Spitze

Sternchenspitze arbeiten, siehe Workshop.

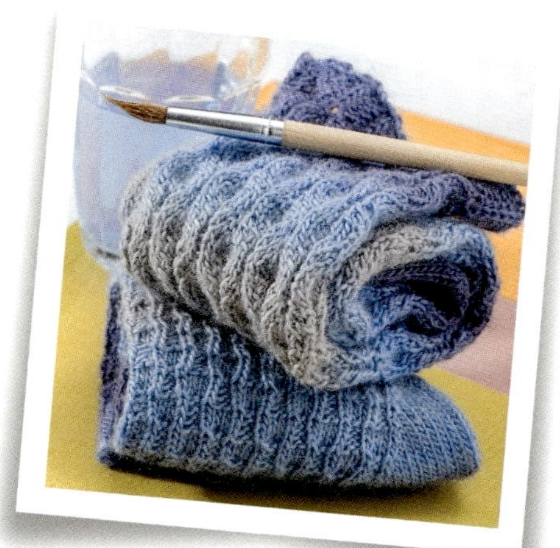

WASSERTROPFEN ***

Dieses Muster zieht sich sehr zusammen.
Tipp: Locker stricken oder einen Rapport mehr Maschen aufnehmen.

SO WIRD'S GEMACHT

Bündchen

60 Maschen + 1 Masche anschlagen
Eine Reihe rechte Maschen und zur Runde schließen, dabei die erste und letzte Masche zusammenstricken.
10 Runden (ca. 2 cm) * 3 re, 1 li * für das Bündchen stricken (alternativ: 1. Runde: re; 2. Runde: 3 li, 1 Hebemasche; diese beiden Runden 5-mal wiederholen).

Schaft

Muster »Wassertropfen«
Rapport: 8 Maschen
Mustersatz: 16 Runden

Strickschrift

	8	7	6	5	4	3	2	1	
	—	I	I	I	—	I	I	I	16
	—	I	I	I	—	I	I	I	15
	—	⟨2	I	↓	—	↓	I	⋎2	14
	—	I	I	I	—	I	I	I	13
	—	⟨2	I	↓	—	↓	I	⋎2	12
	—	I	I	I	—	I	I	I	11
	—	⟨2	I	↓	—	↓	I	⋎2	10
	—	I	I	I	—	I	I	I	9
	—	I	I	I	—	I	I	I	8
	—	I	I	I	—	I	I	I	7
	—	↓	I	⋎2	—	⟨2	I	↓	6
	—	I	I	I	—	I	I	I	5
	—	↓	I	⋎2	—	⟨2	I	↓	4
	—	I	I	I	—	I	I	I	3
	—	↓	I	⋎2	—	⟨2	I	↓	2
	—	I	I	I	—	I	I	I	1

Legende
I re M
— li M
⟨2 2 M re verschr zus
↓ 1 M re aus dem Querfaden herausstr
⋎2 2 M re zus

Muster schriftlich
1. und alle ungeraden Rd: * 3 re, 1 li *
2., 4. und 6. Rd: * 1 M aus dem Querfaden zun, 1 re, 2 re verschr zus, 1 li, 2 re zus, 1 re, 1 M aus dem Querfaden zun, 1 li *
8. Rd: * 3 re, 1 li *
10., 12. und 14. Rd: * 2 re zus, 1 re, 1 M aus dem Querfaden zun, 1 li, 1 M aus dem Querfaden zun, 1 re, 2 re verschr zus, 1 li *
16. Rd: * 3 re, 1 li *

Ferse

Nach 4 Mustersätzen (64 Runden) mit der Ferse beginnen, siehe Workshop. Das Schaftmuster über dem Fußrist fortführen.

Spitze

Bandspitze arbeiten, siehe Workshop.

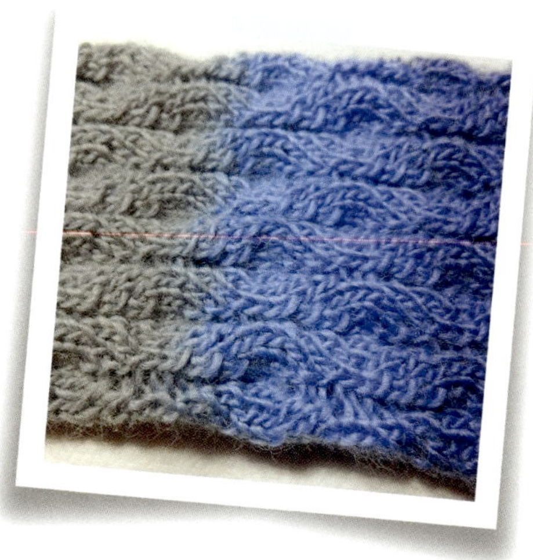

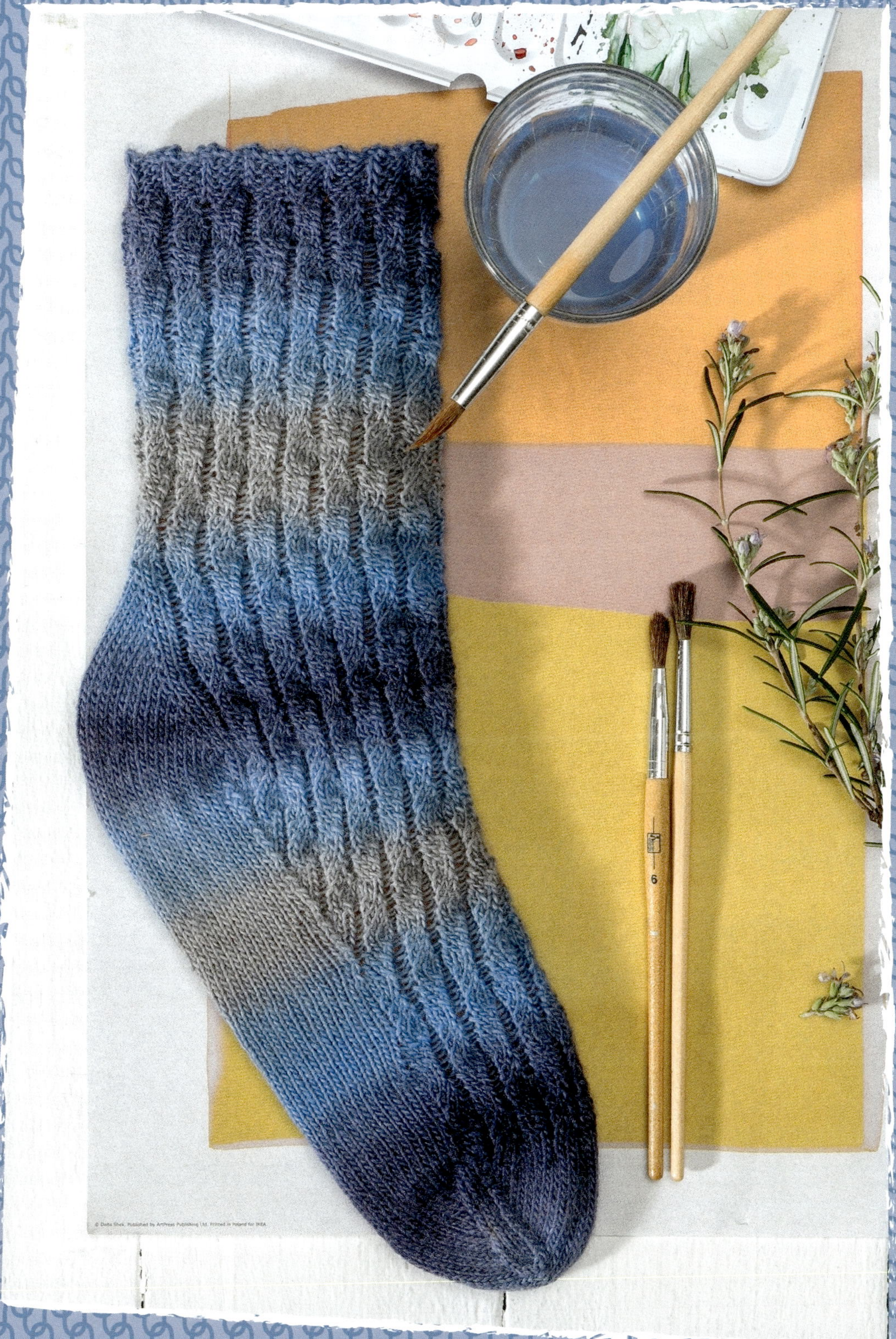

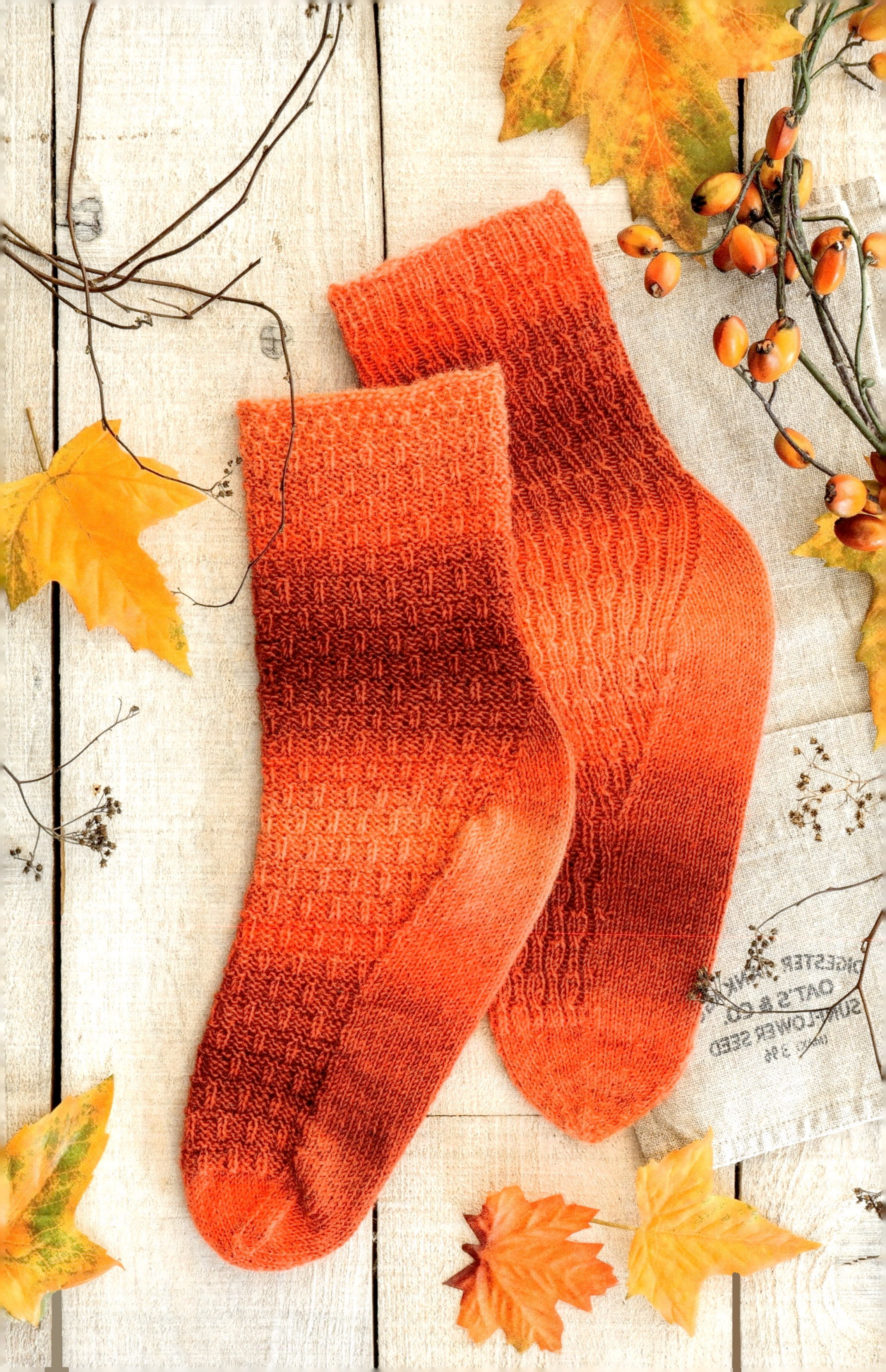
SUNFLOWER SEED

KAMINFEUER

Material für Backsteinchen (links), für Hagebuttenranken (rechts):
pro Paar 100 g Woolly Hugs YEAR-SOCKS (75% Schurwolle, 25% Polyamid, Lauflänge ca. 400 m/100 g), Farbe Nr. 10 Oktober • 1 Nadelspiel Nr. 2,5–3,5 • 2 Rundenmarkierer

BACKSTEINCHEN *

Das Muster passt besonders gut zu Herrensocken.

SO WIRD'S GEMACHT

Bündchen

60 Maschen + 1 Masche anschlagen.
Eine Reihe rechte Maschen und zur Runde schließen, dabei die erste und letzte Masche zusammenstricken.
12 Runden laut Strickschrift 1 für das Bündchen stricken.

Strickschrift 1

2	1	
I	—	8
I	—	7
—	—	6
I	I	5
—	I	4
—	I	3
—	—	2
I	I	1

Legende für beide Strickschriften

I re M
— li M

Muster schriftlich

1. Rd: * re *
2. Rd: * li *
3.+4. Rd: * 1 re, 1 li *
5. Rd: * re *
6. Rd: * li *
7.+8. Rd: *1 li, 1 re *
9.–12. Rd: Rd 1–4 wiederholen

Schaft

Muster »Backsteinchen« laut Strickschrift 2
Rapport: 4 Maschen
Mustersatz: 12 Runden

Strickschrift 2

4	3	2	1	
—	I	—	—	12
—	I	—	—	11
—	I	—	—	10
I	I	I	I	9
—	—	—	—	8
I	I	I	I	7
—	—	—	I	6
—	—	—	I	5
—	—	—	I	4
I	I	I	I	3
—	—	—	—	2
I	I	I	I	1

Muster schriftlich

1. Rd: * re *
2. Rd: * li *
3. Rd: * re *
4.–6. Rd: * 1 re, 3 li *
7. Rd: * re *
8. Rd: * li *
9. Rd: * re *
10.–12. Rd: 2 li, * 1 re, 3 li *

Ferse

Nach 5 Mustersätzen (60 Runden) mit der Ferse beginnen, siehe Workshop. Das Schaftmuster über dem Fußrist fortführen.

Spitze

Bandspitze arbeiten, siehe Workshop.

HAGEBUTTENRANKEN **

Das Muster zieht sich schön zusammen und liegt toll am Fuß an.

SO WIRD'S GEMACHT

Bündchen

60 Maschen + 1 Masche anschlagen
Eine Reihe rechte Maschen und zur Runde schließen, dabei die erste und letzte Masche zusammenstricken.
10 Runden (ca. 2 cm) * 1 re, 1 li, 2 re, 1 li * für das Bündchen stricken.

Schaft

Muster »Hagebuttenranken«
Rapport: 5 Maschen
Mustersatz: 12 Runden

Strickschrift

	6	5	4	3	2	1	
	–	I	I	–	I		12
	–	I	I	–	I		11
	–	I	I	–	I		10
	–	kfb		–	2 M re zus		9
	–	I		–	I	I	8
	–	I		–	I	I	7
	–	I		–	I	I	6
	–	I		–	I	I	5
	–	I		–	I	I	4
	–	2 M re zus		–	kfb		3
	–	I	I	–	I		2
	–	I	I	–	I		1

Legende
I re M
– li M
☐ keine M
kfb
2 M re zus

Muster schriftlich
1.+2. Rd: * 1 re, 1 li, 2 re, 1 li *
3. Rd: * 1 kfb, 1 li, 2 re zus, 1 li *
4.–7. Rd: * 2 re, 1 li, 1r e, 1 li *
8. Rd: * 2 re zus, 1 li, 1 kfb, 1 li, *
9.–10. Rd: * 1 re, 1 li, 2 re, 1 li *

Zunahme mit kfb
kfb (knit front back) ist ein Kürzel aus englischen Strickanleitungen: Eine Masche rechts stricken, die alte Masche aber auf der linken Nadel lassen und noch einmal in den hinteren Teil dieser alten Schlaufe stechen und eine Masche daraus rechts verschränkt stricken.

Ferse

Nach 4 Mustersätzen (60 Runden) mit der Ferse beginnen, siehe Workshop. Das Schaftmuster über dem Fußrist fortführen.

Spitze

Sternchenspitze arbeiten, siehe Workshop.

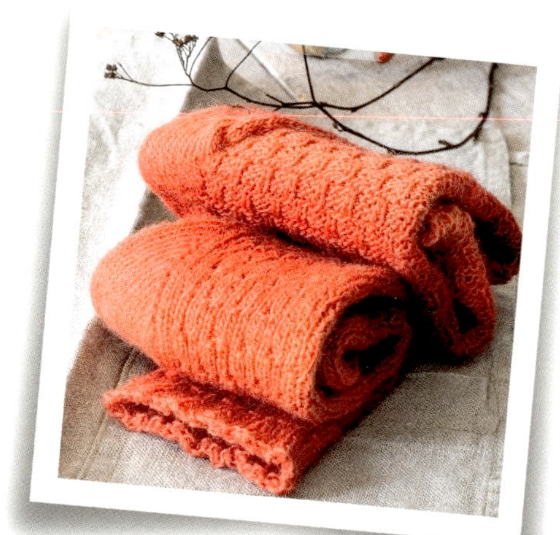

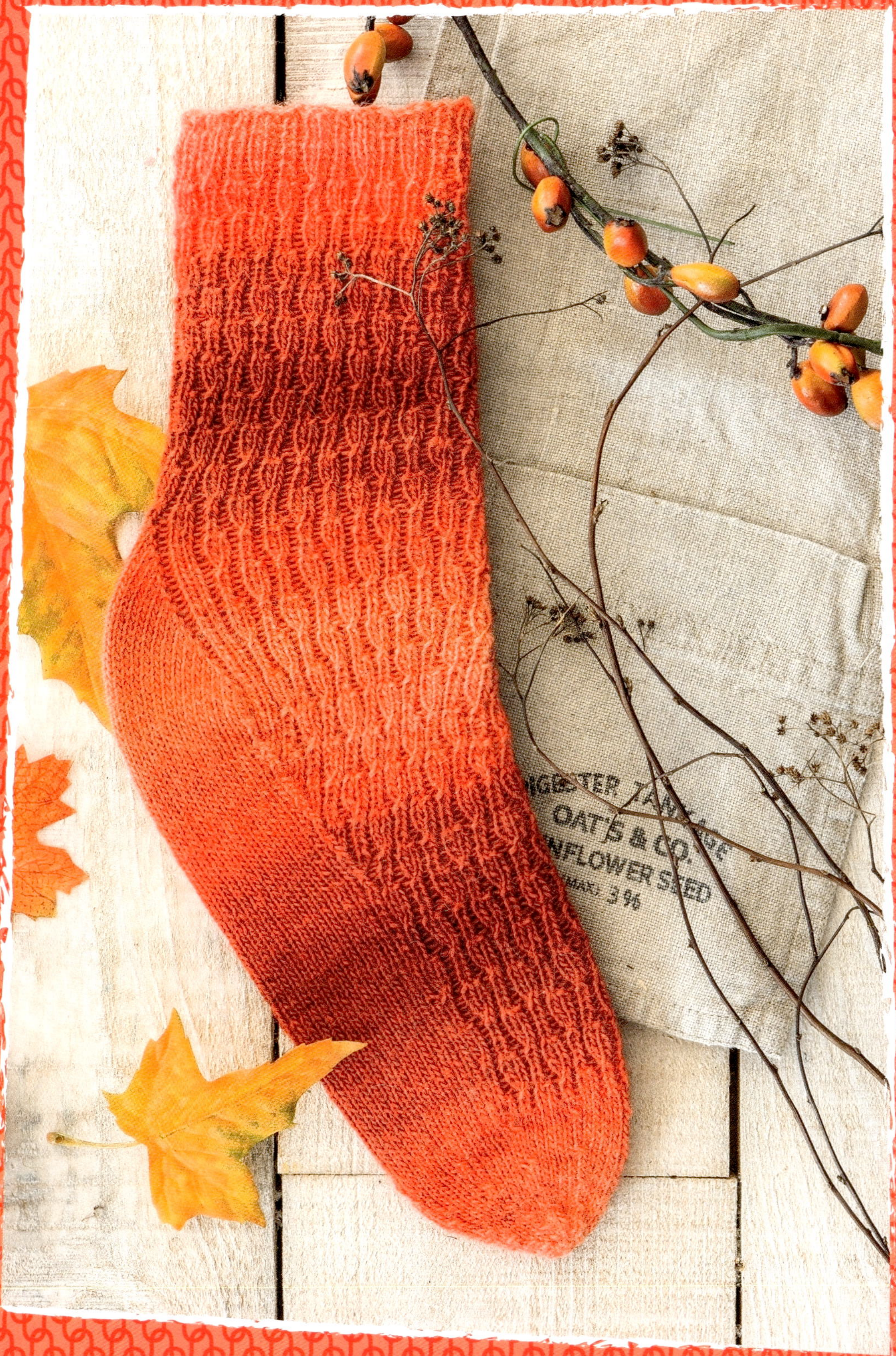
OAT'S & CO.

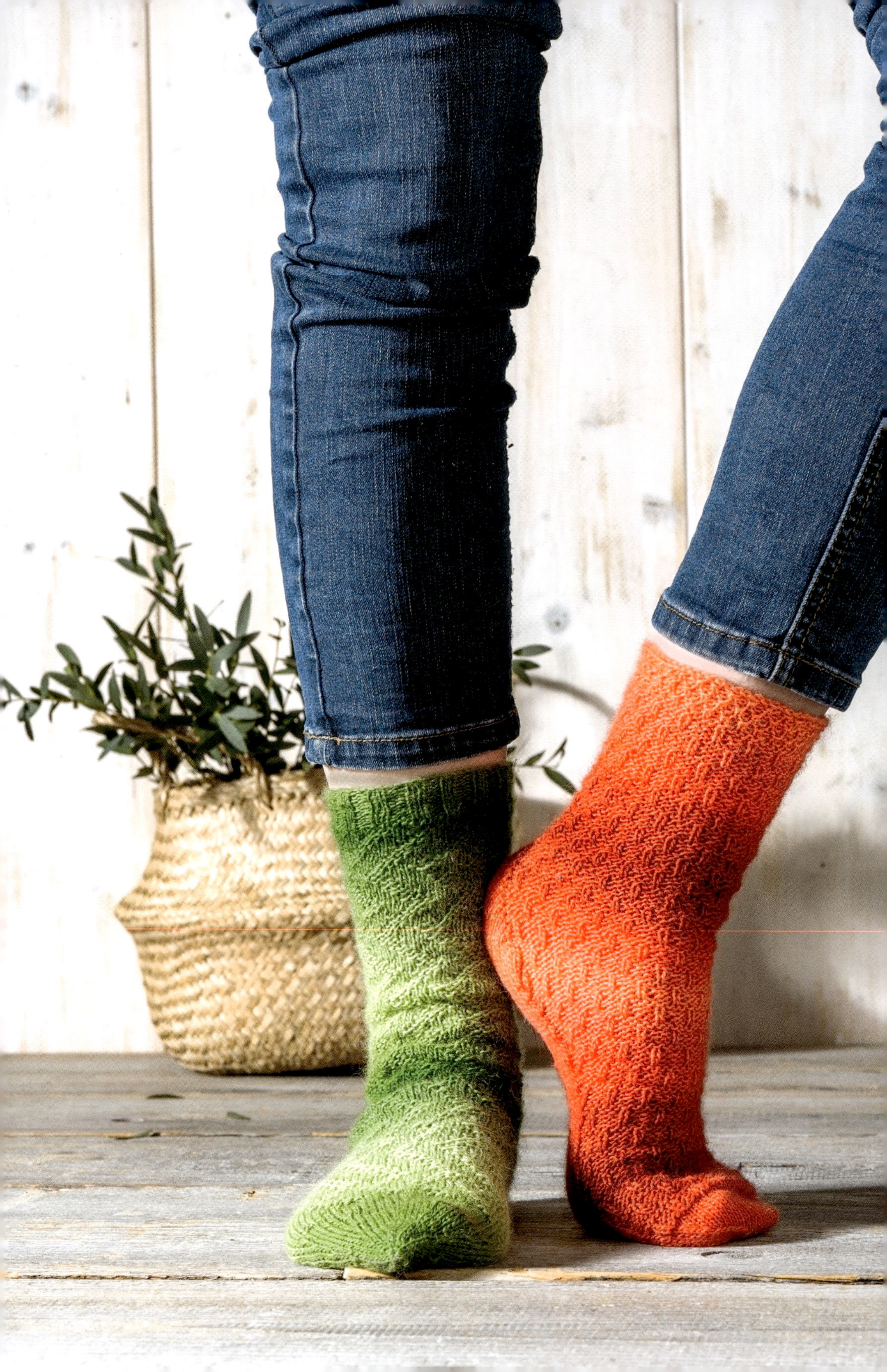

GRUNDKURS STRICKEN

Stricken in Runden

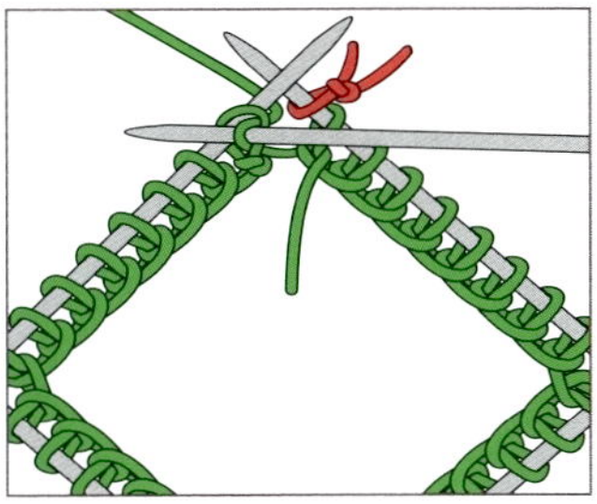

Maschen anschlagen, auf 4 Nadeln verteilen und zum Quadrat legen. Die unteren Kanten der Maschen zeigen nach innen. Mit der 5. Nadel die 1. Anschlagmasche stricken, um zur Runde zu schließen. Rundenanfang eventuell mit Kontrastgarn markieren.

Rechte Masche

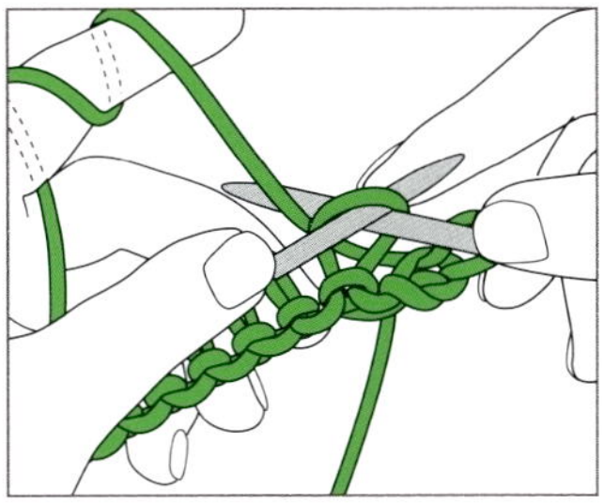

Der Faden liegt hinter der linken Nadel. Mit der rechten Nadel vorn von links nach rechts in die Masche einstechen, den Faden fassen und durch die Masche ziehen. Die Masche von der linken Nadel gleiten lassen.

Linke Masche

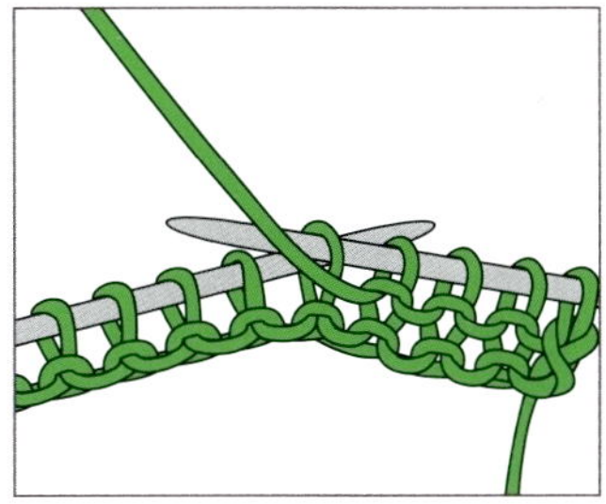

Der Faden liegt vor der linken Nadel. Mit der rechten Nadel vorn von rechts nach links in die Masche einstechen. Faden von vorn nach hinten um die rechte Nadelspitze schlingen und durch die Masche holen. Die Masche von der linken Nadel gleiten lassen.

Rechts verschränkte Masche

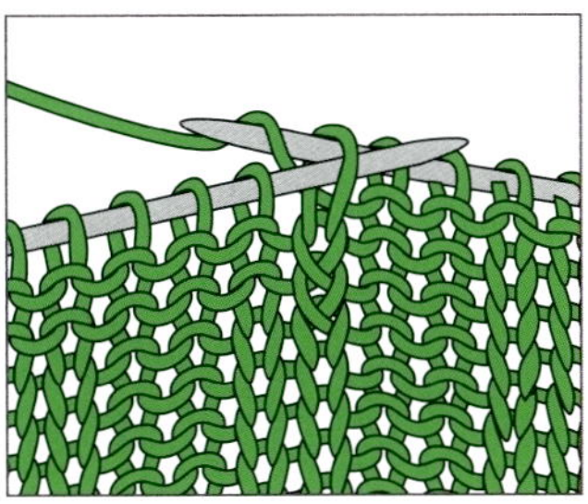

Von vorn nach hinten in das hintere Maschenglied einstechen und wie beim Rechtsstricken weiterarbeiten.

Umschlag

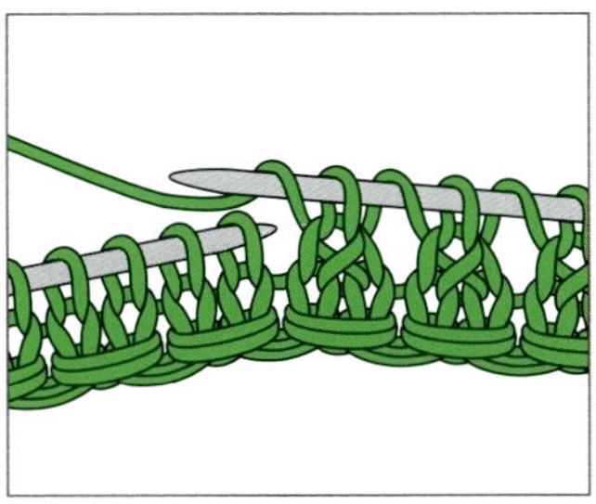

Den Faden von vorn nach hinten über die rechte Nadel legen. Dann wie in der Anleitung vorgegeben weiterarbeiten.

Rechts-Zunahme

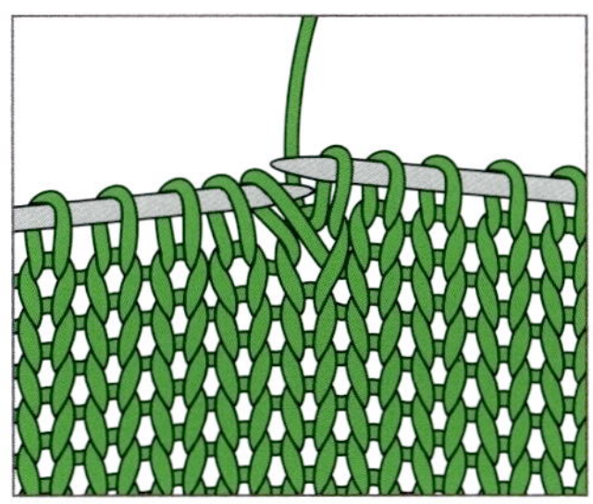

Mit der rechten Nadel in die folgende Masche der darunterliegenden Reihe einstechen und diese Masche rechts abstricken. Danach die darüberliegende Masche rechts abstricken. Die zugenommene Masche neigt sich nach rechts.

2 Maschen überzogen zusammenstricken

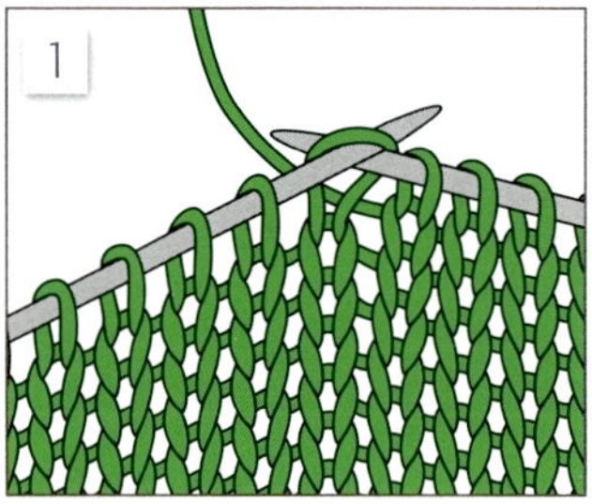

Einfacher Überzug: 1 Masche wie zum Rechtsstricken abheben.

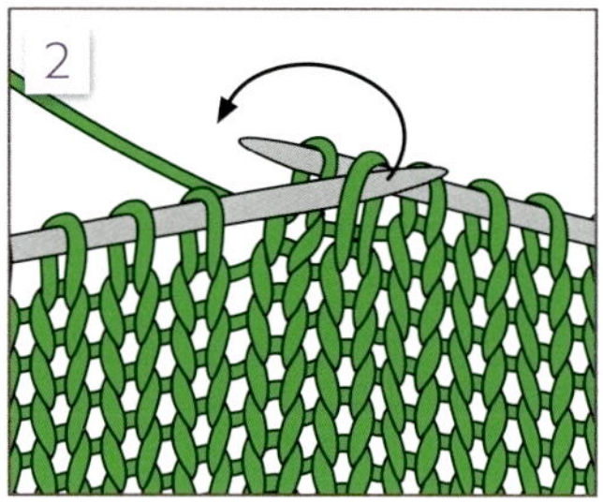

Die folgende Masche rechts stricken.

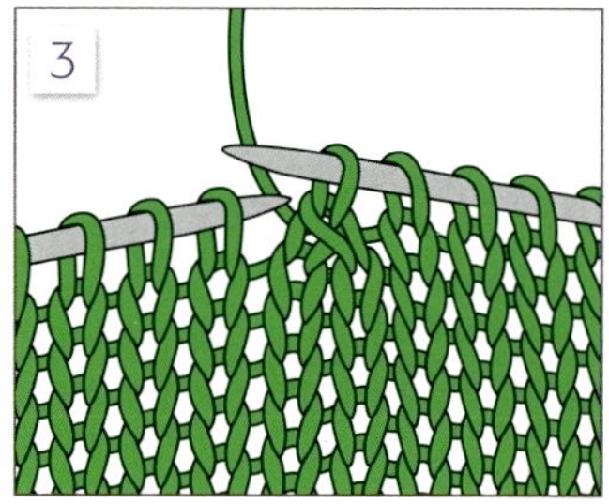

Die abgehobene Masche darüberziehen.

Links-Zunahme

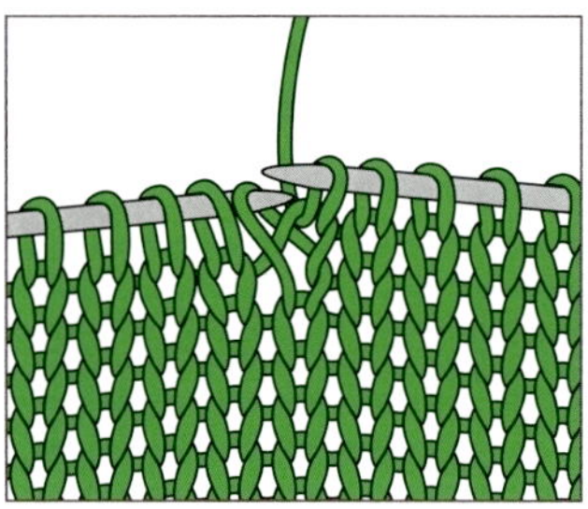

1 Masche rechts stricken, mit der linken Nadel die darunterliegende Schlinge der zuletzt gestrickten Masche von hinten nach vorn auffassen und rechts abstricken. Die zugenommene Masche neigt sich nach links.

3 Maschen überzogen zusammenstricken

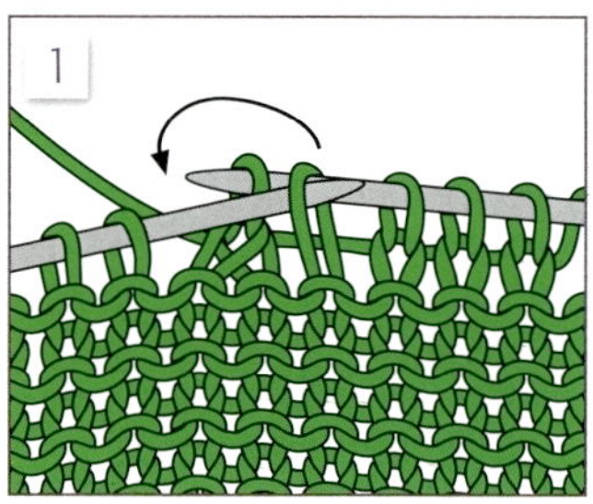

Doppelter Überzug: 1 Masche wie zum Rechtsstricken abheben und die beiden folgenden Maschen rechts zusammenstricken.

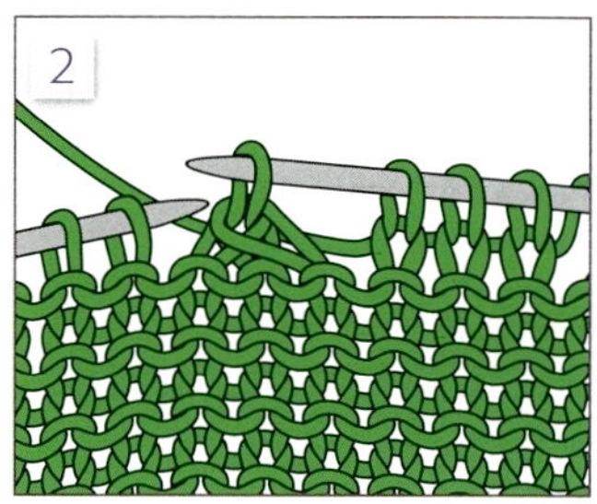

Dann die abgehobene Masche über die zusammengestrickten Maschen ziehen.

2 Maschen rechts zusammenstricken

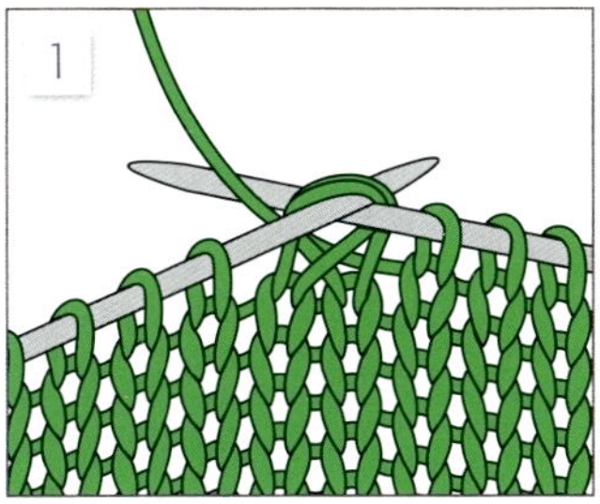

Den Faden hinter die Arbeit legen. Mit der rechten Nadel von links nach rechts durch beide Maschen stechen.

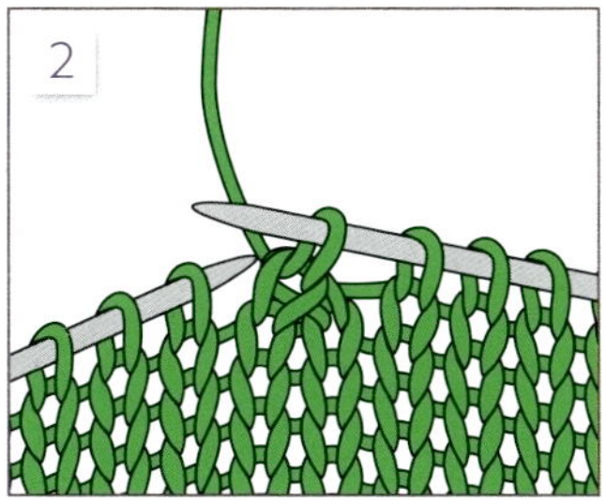

Den Faden durchholen und die Maschen von der linken Nadel gleiten lassen.

2 Maschen links zusammenstricken

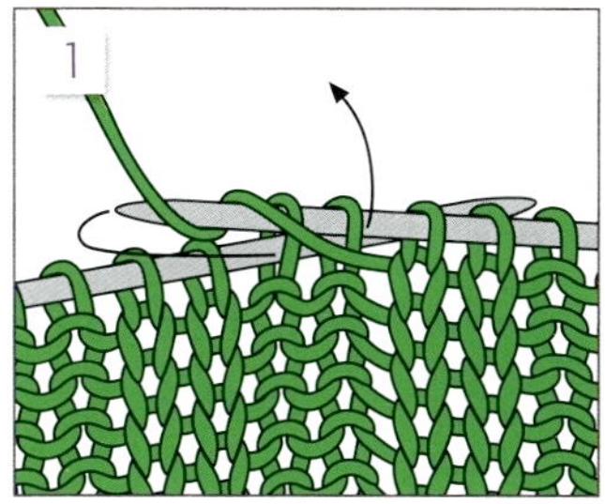

Wie bei einer linken Masche den Faden vor die Arbeit legen, von rechts nach links durch beide Maschen stechen und den Faden durchholen.

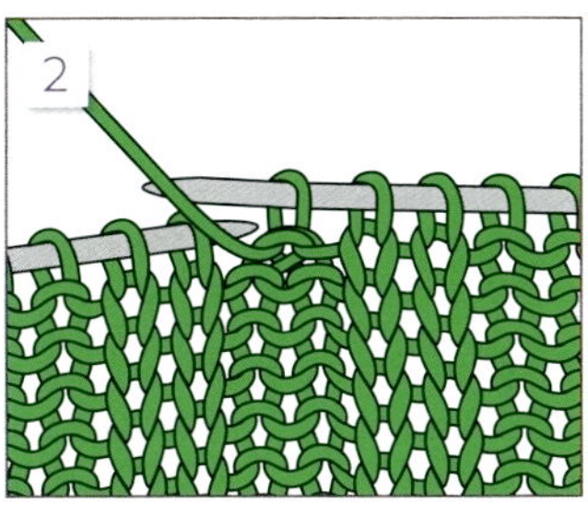

Die Maschen von der linken Nadel gleiten lassen.

Verzopfung nach rechts

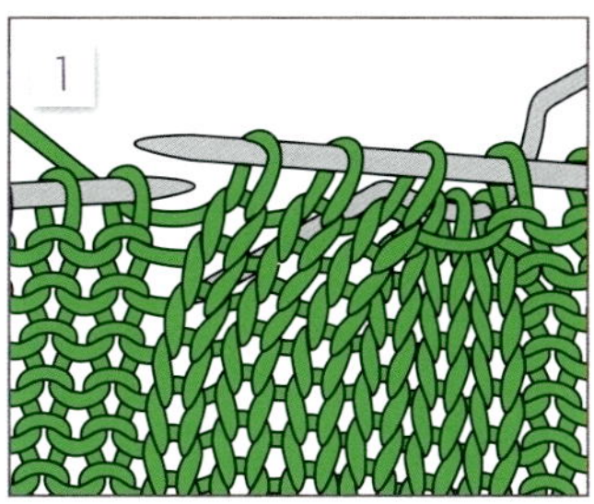

3 Maschen auf die Zopfnadel nehmen und hinter die Arbeit legen. Die folgenden 3 Maschen der linken Nadel rechts stricken.

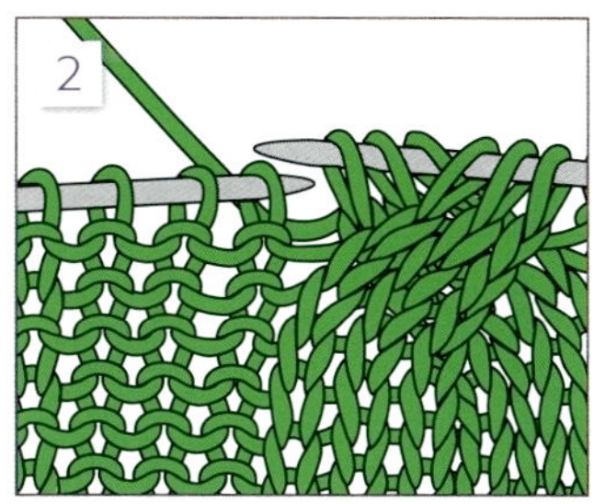

Dann die 3 Maschen der Zopfnadel rechts stricken.

Verzopfung nach links

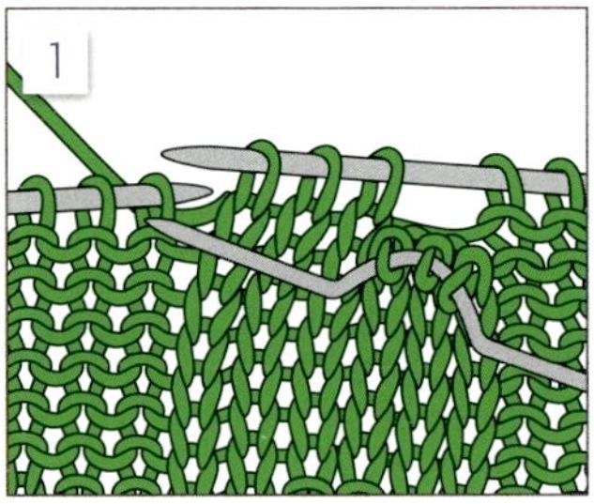

3 Maschen auf eine Zopfnadel nehmen und vor die Arbeit legen. Die folgenden 3 Maschen der linken Nadel rechts stricken.

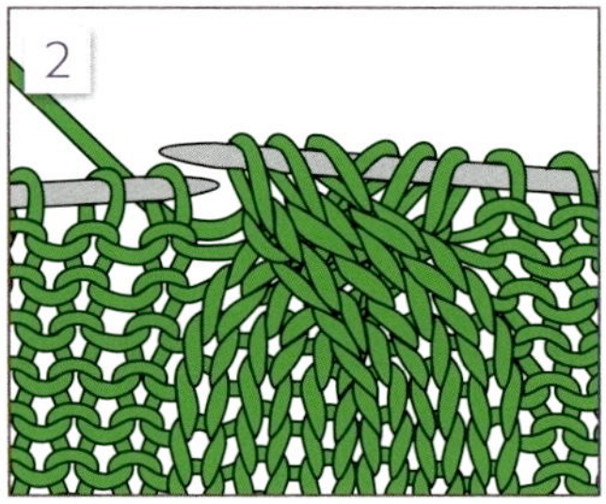

Dann die 3 Maschen der Zopfnadel rechts stricken.

Zurückstricken

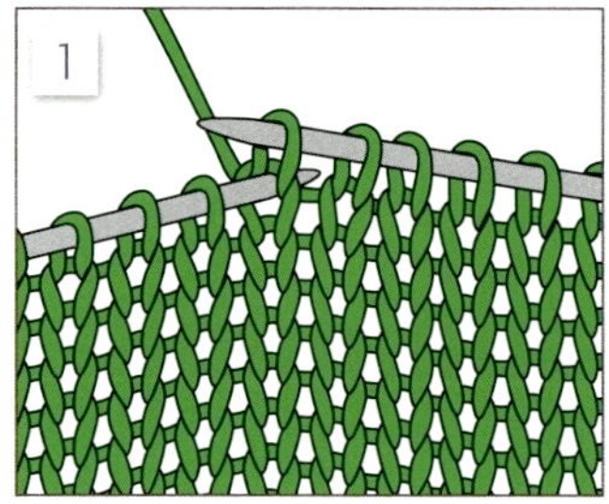

Anstatt nach einem Fehler die Nadeln aus der Arbeit zu ziehen, kann zurückgestrickt werden: Der Faden liegt hinter der Arbeit. Mit der linken Nadel von vorn in die Masche unter der letzten Masche der rechten Nadel einstechen und diese auf die linke Nadel heben. Den Faden anziehen und so die Masche auflösen.

Aus dem Querfaden 1 Masche rechts verschränkt zunehmen

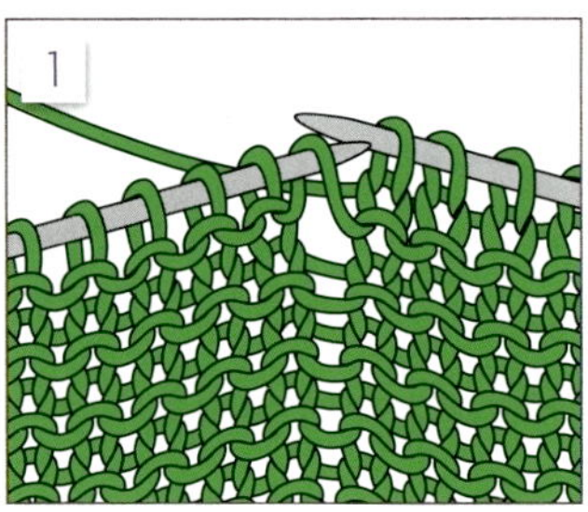

Der Arbeitsfaden liegt hinten. Mit der linken Nadel von vorn nach hinten unter dem Querfaden zwischen zwei Maschen einstechen, sodass der Querfaden auf der Nadelspitze liegt.

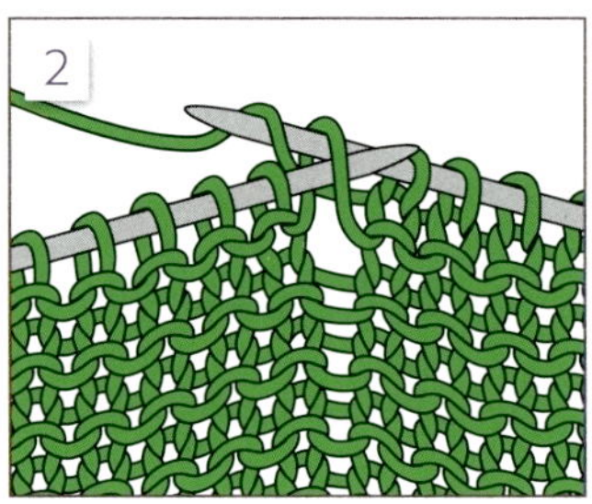

Mit der rechten Nadel hinter der Arbeit von rechts nach links in die Schlinge des Querfadens einstechen, sodass sie sich verdreht, und den Arbeitsfaden um die Nadel legen.

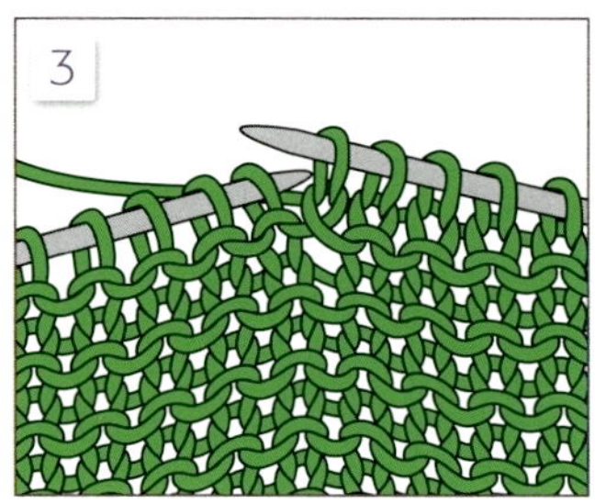

Den Arbeitsfaden nach vorn durchholen und anschließend den Querfaden von der linken Nadel gleiten lassen. So entsteht eine zusätzliche rechte Masche.

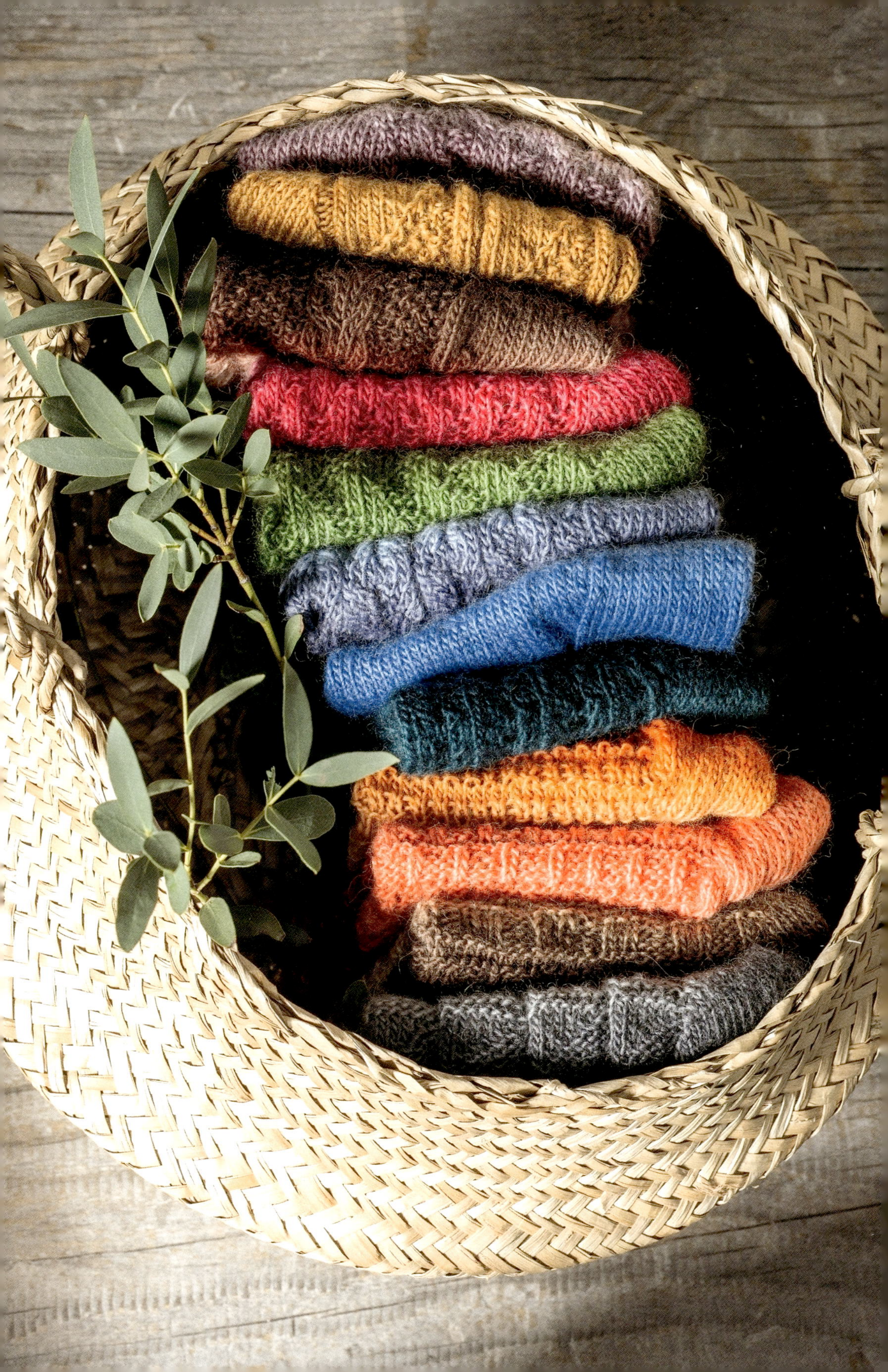

Impressum

Design & Realisation: Marion Terasa
Redaktion und Produktmanagement:
Martina Unterfrauner
Fotografie: Uli Glasemann
Styling: Elke Reith
Strickschriften: Marion Terasa
Lektorat: A. Reuß
Layout: Eva-Maria Klaffenböck
Umschlaggestaltung: Marcus Täschner
Repro: LUDWIG:media
Herstellung: Stephanie Schlemmer
Printed in Slovenia by Florjancic

★★★★★

Sind Sie mit diesem Titel zufrieden? Dann würden wir uns über Ihre Weiterempfehlung freuen. Erzählen Sie es im Freundeskreis, berichten Sie Ihrem Buchhändler, oder bewerten Sie beim Onlinekauf. Und wenn Sie Kritik, Korrekturen, Aktualisierungen haben, freuen wir uns über Ihre Nachricht an Bruckmann Verlag, Postfach 40 02 09, D-80702 München oder per E-Mail an lektorat@verlagshaus.de.

Unser komplettes Programm finden Sie unter
www.christophorus-verlag.de

In diesem Buch wird aus Gründen der besseren Lesbarkeit das generische Maskulinum verwendet. Weibliche und anderweitige Geschlechteridentitäten werden dabei ausdrücklich mitgemeint, soweit es für die Aussage erforderlich ist.

Hersteller & Sponsoren:
Woolly Hugs YEAR SOCKS von
Langendorf & Keller

Die Deutsche Nationalbibliothek verzeichnet diese Publikation in der Deutschen Nationalbibliografie; detaillierte bibliografische Daten sind im Internet über http://dnb.d-nb.de abrufbar.

2. Auflage

Infanteriestraße 11a
80797 München

ISBN 978-3-8410-6602-2

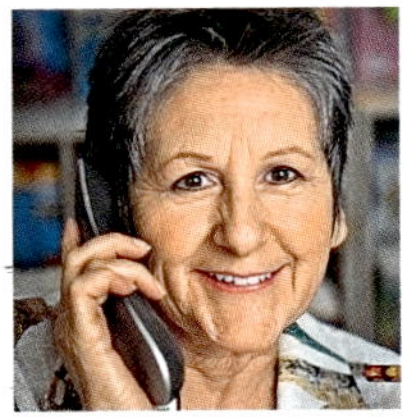

Kreativ-Service

Sie haben Fragen zu den Büchern und Materialien? Frau Erika Noll ist für Sie da und berät Sie rund um alle Kreativthemen. Rufen Sie an! Wir interessieren uns auch für Ihre eigenen Ideen und Anregungen. Sie erreichen Frau Noll per E-Mail: mail@kreativ-service.info oder Tel.: +49 (0) 5052/91 18 58

Besuchen Sie uns im Internet: www.christophorus-verlag.de